W0070655

V&R

Dienst am Wort

Herausgegeben von Peter Helbich

57
Pfingsten

Verlag Vandenhoeck & Ruprecht
in Göttingen

Pfingsten

Unterbrochenes Schweigen
Verkündigung, Gebete, Antworten

Von Michael Meyer

mit Beiträgen von
Markus Jenny, Ernst Hofhansl
und Peter Karner

Verlag Vandenhoeck & Ruprecht
in Göttingen

Meiner Frau,
der ersten Hörerin

Die Deutsche Bibliothek — CIP-Einheitsaufnahmen

Pfingsten: Unterbrochenes Schweigen; Verkündigung,
Gebete, Antworten / von Michael Meyer.
Mit Beiträgen von Markus Jenny ... —
Göttingen: Vandenhoeck und Ruprecht, 1992
(Dienst am Wort; 57)
ISBN 3-525-59320-1
NE : Meyer, Michael; GT

Inhalt

Nach Pfingsten

Verzeichnis der Mitarbeiter

Pfarrer Mag. Ernst Hofhansl, A — 2620 Neunkirchen

Prof. Dr. Markus Jenny, CH — 2514 Ligerz

Landessuperintendent Pfarrer Mag. Peter Karner, A — 1010 Wien

OKR Pfarrer Mag. Michael Meyer, A — 3500 Krems an der Donau

Vorwort

Pfingsten steht auf dem Kalender, aber der Geist weht, wo er will.

Der »Geburtstag der Kirche« ist nicht populär wie das Fest der Geburt Jesu von Nazareth.

Und den Worten in »vielen Zungen« steht das Schweigen der Christen gegenüber.

Unterbrochenes Schweigen ist plötzliches Reden.

Es stammelt oder es schreit, spricht wohlüberlegt oder »ungehobelt«, sagt Ungewohntes und Überraschendes, manchmal Widersprüchliches.

Darum wird in dieser Sammlung auch manches vermißt werden, was anderswo pfingstlich klingt.

Die hier vorliegenden Predigten, Meditationen, Andachten und Gebete hatten schon ihre Gemeinde gefunden. Sie sollten vom geneigten Leser möglichst laut gelesen werden, damit sie zu sprechen anfangen und dazu reizen, weitergesagt, nachgesprochen, neu gesagt zu werden. Wenn die Aphorismen zugleich zum Schmunzeln und zum Erschrecken führen, könnten sie zum Stachel für Predigten werden.

Den Mitarbeitern sei Dank für ihre Arbeiten. Sie haben ihre Gaben dort, wo ich schweigen müßte.

Und das Schweigen zu unterbrechen — dazu möge helfen, was ich hier vorlege, damit diesem Büchlein, dem Pfingsten vorausgeht, Pfingsten folgt.

Krems an der Donau   Michael Meyer

ANNÄHERUNGEN

Über einem alten Lexikon[*]

Pfingsten —
»das dritte Hauptfest der Christenheit«.
  Grau, lieber Freund, ist alle Theologie. Ich bin geneigt, den
Faust so abzuändern, ohne damit die Theorie zu ersetzen.
Denn schwer sind zuweilen beide voneinander zu trennen.
Ein Hauptfest ist dieses Fest nicht. Was — bitte — sollen die
Leute zu Pfingsten feiern?
». . . . . die Erstlinge des Geistes, Röm 8,23.«
Man hat mir die Bedeutung Jesu gepredigt, seinen Rang als ein-
zigartigen Mittler. Man nimmt es mir übel, wenn ich ihn —
nur — Bruder nenne. Was sind die »Erstlinge«? Begeisternde
Gaben, die in mir das schlechte Gewissen erzeugen, zuwenig
begeistert zu sein? Sie soll ich feiern — 50 Tage lang?
Denn — »ursprünglich bezeichnete der Name Pentecoste den gan-
zen festlich begangenen 50tägigen Zeitraum vom 1. Ostertage bis
zur Feier der Ausgießung des Heiligen Geistes.«
  Es wird also offenbar doch — wenigstens bis zum Pfingstfest — Jesus, der Auferstandene gefeiert. Und dies durch
»Nichtfasten und Stehen beim Gebete.«
  Es rührt mich diese Bemerkung. Vor hundert Jahren hat man
also gefragt, was man *getan* hat im Gottesdienst. Bei uns ist's
genug, wenn wenigstens einer *gedacht* hat. Das Wort, nicht die
Gesten haben bei uns etwas zu sagen. Aber lustig war's auch
damals nicht. Denn die
»Unterlassung aller Theateraufführungen . . . .«
ist nach unseren Empfindungen nicht ein gelungenes Zeichen
einer Freudenzeit. Oder geht es auf dem Theater so böse zu,
wie's ungehemmt aus dem Hirn des Autors kommt?
  Fast wie einen Scherz lese ich, daß Pfingsten
»als Bezeichnung nur des Schlußtages der 50tägigen Freudenzeit«
zum ersten Mal

---

[*] Realenzyklopädie für protestantische Theologie und Kirche 1883,
Band II, Seite 567—570.

»in einem Kanon des Konzils von Elvira 305«

vorkommt zur Abwehr der schrecklichen Ketzerei,

»statt jenes 50. Tages nach Ostern lediglich den 40., d.i. Himmelfahrt, festlich zu begehen«.

Immerhin: zu wenig zu feiern, ist ketzerisch. Das läßt auf Stimmung hoffen, die in Christi Kirche häufig abgetötet wird. Aber daß es immer wieder erst eines Streites bedarf, um des Heiligen Geistes gebührend festlich gewahr zu werden! Doch — man könnte meinen, der Feiern wurden's schnell zu viele denen, die das Volk gern züchtig, ordentlich und ernst — fromm sehen. Darum hat man die Feierzeit nach Pfingsten bald auf vier Tage beschränkt,

»wie bereits Bonifatius 745 angeordnet hat«.

In meiner Kindheit haben wir noch zwei Tage hindurch Pfingsten gefeiert. Jetzt bleiben die meisten Kirchen am 2. Feiertag geschlossen. Und die Dauer des Pfingstfestes wird von den Gewerkschaften gehütet. Ist das etwa eine Frucht des Heiligen Geistes?

Was die Schriftgelehrten mir raten

Beim Lesen von Kommentaren u.a.

Ich habe es befürchtet — die »lukanische Pfingstgeschichte …
bringt nur verschlüsselt das Werk und das Wesen des Heiligen Geistes zum Ausdruck«[1]. Aber ich muß doch kleinen und großen Kindern erzählen können vom ersten Mal, als Gottes Geist Menschen
überfiel. Und ich werde es auch tun. Aber dabei muß ich wissen,
daß das erste Mal nur den interessiert, der es fortgesetzt kennt und
erbittet. Ein einmaliges Pfingstfest ist gar kein Fest. Und die Pfingstpredigt »ist vom ersten Augenblick an ‚Lobpreis der großen Taten
Gottes'«[2]. Wenn sich diese Taten Gottes aber auf Jerusalem beschränkt hätten? Wie könnte ich erzählen, ohne in die Vergangenheit abzurutschen und mit dem Amen nur Wehmut zu wecken?
Dazu verhilft der Evangelist Johannes 20,19—23, wie er in der römischen Kirche zu Pfingsten gelesen wird:
»Noch am Abend des Ostersonntags geschieht die Geistmitteilung und die Sendung der Jünger. Die Versammlung, dargestellt in
Analogie zum Gottesdienst, ist der Ort des Pfingstwunders. In ihr
gibt es weder Liturgie noch Lobgesang, nichts als Angst und Furcht.
Die Nichtqualifikation der Jünger ist ihre Qualifikation.«[3]
Mein Schriftgelehrter macht mir Mut. Diese Geschichte ist wiederholbar, weil sie sich wiederholt. Und um ihre Wiederholung zu
beten, ist der Tonfall des pfingstlichen Kyrie.
Denn nichts bewegt in dieser ausgehöhlten Welt tiefer, als wenn
Menschen ohne Glauben — also Menschen ohne Zuversicht — antreten gegen die Leere, gegen Schuld und gegen verschlossene Türen. Daß sie dies tun drei Tage nach dem Tod ihres Lehrers, also
kurz nach dem Zusammenbruch ihrer Hoffnungen, ist erstaunlich,
ist unglaublich. Ostern und Pfingsten ist eines. Und es wiederhole
sich, Kyrie eleison!

---

[1] Werner Schmitz, Probleme der Predigt, S. 167.
[2] ebd.
[3] ebd., S. 172.

Aber Lukas und seine Geschichte? Wer ist da versammelt? »Nicht nur die Zwölf«[4]? Es klingt nach einem Konzil von Jesus-freunden; oder nach einem Ausflug jesuanischer Galiläer. Geplant? Veranstaltet? Geleitet? Wer also war versammelt? Ich wüßte es gerne, um Geistesverwandte zu finden. Ich erfahre es aber nicht. Ich muß warten. Aber schon geschieht »plötzlich vom Himmel herab ein Brausen«[5]. Und bevor meine Skepsis zur Frage kommt, lese ich, das Brausen sei »,objektiv' wirklich«[6]. Und ich wehre mich ge-gen den Unglauben in mir. »Objektiv« braust da — was? Warum nehmen die Schriftgelehrten nicht Maß an den Dichtern?

»Da geht der Sturm, der Umgestalter,
geht durch den Wald und durch die Zeit,
und alles ist wie ohne Zeit,
und alles ist wie ohne Alter:
die Landschaft, wie ein Vers im Psalter,
ist Ernst und Wucht und Ewigkeit.

Wie ist das klein, womit wir ringen,
was mit uns ringt, wie ist das groß;
ließen wir, ähnlicher den Dingen,
uns *so* vom großen Sturm bezwingen —
wir würden weit und namenlos.«[7]

Nicht Pfingsten dichtet Rilke, aber die Besiegung durch »immer Größeres«. Und es spricht der Sturm. Doch objektiv?

Ahnen die Schriftgelehrten noch, wie man Geschichten erzählt mit Bildern und Wunderbarem; und wie einer dichtet, um Staunen oder das kleine Lächeln über die große Wahrheit zu wecken?

Zuweilen freilich deuten sie an, wie alte Erzählungen aufgenom-men und umgedeutet werden in eines anderen Mund. Und es ist reizvoll zu hören, Rabbiner hätten gelehrt, am Sinai habe sich »Got-tes Wort ... in 70 Zungen (entsprechend den 70 Völkern der Welt)

---

[4] Ernst Haenchen, Die Apostelgeschichte, Göttingen 1956, S. 133 Anm. 4
[5] ebd., S. 134.
[6] ebd., S. 134, Anm. 1.
[7] R. M. Rilke, Der Schauende, Insel-Verlag 1962, S. 215.

geteilt«.[8] Nun denn, so werfen sie sich die Bälle zu, mit denen sie dann oft gegeneinander kämpfen. Aber es sind Erzählungen, zu hören mit den Ohren des Kindes, des Dichters, des sehnsüchtigen Einfältigen.

Aber — was soll *ich* erzählen?

Ich will erzählen vom Wunder, daß in diesen Tagen Jesus mich interessiert. Ich will erzählen, daß erstaunlicher Weise zu unserer Zeit der Jude Jesus für mich — und für andere — eine Verheißung darstellt. Ich will Geschichten erzählen von damals, die heute aufhorchen lassen. Und dabei bin ich froh über die Bilder, die Lukas malt. »Feuer und bewegte Luft ('das Brennende' und 'das Wehende') sind unter den 'Elementen' (im Sinne der griechischen Naturphilosophie) diejenigen, die am weitesten entfernt sind von dem Starren, Gewordenen, Verfestigten . . .« »Wer vom Sturm ergriffen ist, kann keinen 'Standpunkt' mehr behaupten . . .« Und »was vom Feuer ergriffen wird, kann nicht bleiben, was es gewesen war.«[9] Und so geschieht's durch die Rede von Christus — heute. Und so mündet es in Geschichten, Lieder, Gedichte, in die Sprache, die durch Bilder offen bleibt für Geschichte.

---

[8] Haenchen, S. 139.
[9] Wilhelm Stählin, Predigthilfen II, Kassel 1962, S. 8.

Pfingstliches Zagen — nach einem Brief

Mir schrieb ein Freund; einer von denen, die mich bewegen, weil sie ein Urteil haben, das zutrifft. »Was wünsche ich mir in meiner Einfalt von einer Pfingstpredigt?« Er hat sich gefragt und mir geantwortet.

1.

Er wünscht sich eine FESTPREDIGT. Und »Festpredigten haben kurz zu sein.« — Kurz, mein Freund? Zu Pfingsten wurden viele Worte gemacht, heißt es. Oder ist das eine jener dreisten Auslegungen des Wunders 50 Tage danach, die es ermöglichen, das Wunder nachzuahmen? Sind's nicht viele Worte, ist's nur der eine Ruf gewesen: »Jesus ist der Christus!«, vielsprachig, vielfarbig, vielgestaltig? Dann sollte die kurze Pfingstpredigt diesen Ruf nicht erklären, sondern so eigenartig nachsprechen, daß er ins Staunen versetzt. Kurz — wenige Worte neu! Mir gefällt diese Mahnung. Viele Worte sind mir immer zuwider gewesen. Aber ich fürchte den Versucher. Es kann auch die Knappheit zum Vergnügen des Eitlen werden. Und weht auch der Geist, wo er will, so ist doch meine Eitelkeit gewiß nicht sein Gefährt. Doch ist es auch die Geschwätzigkeit nicht. Und so höre ich die Mahnung mit Achtung: Kurz sei die Predigt zum Pfingstfest.

2.

Mein Freund wünscht sich, »daß der Prediger die Bedeutung der urchristlichen GEIST-ERFAHRUNG deutlich herausstreicht.«

Ach ja — Jesu Worte zu wiederholen, ist noch nicht geistgewirkter Ausdruck des Glaubens. Bibeltreue Predigten sind nicht unbedingt einfältig und pfingstlich. Und der, dem die Ereignisse des Ostermorgens keine Mühe machen, sollte nicht übersehen, daß die Frauen, die sie erlebt hatten, zuerst und danach keine Botschaft hatten für irgendeinen. Das alles verstehe ich. Aber wie ich es ausdrücken soll, daß die Erfahrung des Geistes erst die Botschaft zur Sprache bringt, weiß ich nicht. Ich wäre zu Pfingsten gern ein Dichter und Deuter. Ich möchte in Worte fassen, was ich an Jesus von Nazareth sah mit Augen, die sonst verschlossen sind, und dann darauf hindeuten, daß so der Glaube an Jesus als Christus begann, so seltsam, so unwidersprechlich. (Denn hat jemals irgendeiner einem Dichter die Wahrheit dessen genommen, was dieser Dichter gesehen hatte mit seinen Augen?)

3.

Mein Freund macht mich tiefer noch ratlos. Er wünscht sich, in einer Pfingstpredigt deutlich zu hören, daß der GEIST GOTTES in den Getauften GEGENWÄRTIG sei, ein »Unterpfand unserer Hoffnungen«, »auch wenn wir nichts davon spüren.«

Warum macht mein Freund mir's so schwer? Er nimmt meiner Predigt zu Pfingsten ihr begehrtestes Ziel: den Geist Gottes spürbar zu machen. Oder ahnt er, daß meine Versuche kaum zum Brausen eines Sturms, allenfalls zu einem Windzug führen?

Aber wie kann ich denen, die Gottes Geist nicht spüren, zusagen, daß dieser Geist in ihnen sei? »Zuckt nicht mit den Achseln! Ihr habt eine Hoffnung. Ihr wißt es nur nicht!« So? Ich soll doch gewiß nicht so reden, als wüßte ich es besser. Dazu würde mein Freund mich nicht drängen. Aber ich sollte so glaubwürdig, so betroffen, so seltsam — persönlich von dem reden, was mich an diesem Christus bewegt, daß ich in meinem Ausdruck in einem, der mich hört, die Saite des Geistes Gottes anschlage, weil er ansprechbar ist. Die Predigt von Christus ist ansteckend, weil der Geist antwortet. Das ist nicht zum Thema zu machen. Das ist auszuloten, zu erfahren und als Erfahrung wahrhaftig darzustellen. Dieser Anspruch an meine Pfingstpredigt erschreckt mich. Aber ich kann ihm nicht ausweichen.

4.

Und dann »sollte der Prediger auch von der ‚UNTERSCHEI-DUNG DER GEISTER‘ reden«? Geist und Ungeist — jeder hat sein Urteil, jeder traut sich's zu. Und der Prediger steht schnell im Verdacht, sich einzumischen in persönliche Ansichten. Kann denn eine Rede, die Jesus preist oder Gott groß nennt, unguten Geistes sein? Ich meine, es sei denkbar. Aber wäre ich stark genug, dies irgendeinem ins Gesicht zu sagen? Gibt es ein Maß, zu messen, ob meine Einfälle zur Predigt meine Einfälle oder Erleuchtungen durch Gottes Geist sind?

Mein Freund nennt mir ein Maß: SENTIRE CUM ECCLESIA (auf Seiten der Kirche stehen, mit der Kirche denken und fühlen). Und ich gestehe darauf, niemals mich abgesichert und geprüft zu haben, ob ich gerade sage, was andere vor mir und mit Zustimmung der Kirche gesagt haben. Ich gestehe, das »Amen« der Kirche niemals gesucht, wohl aber gehofft zu haben, nicht allein dazustehen mit meinen Wortfindungen. Ich könnte die Einsamkeit Luthers nicht ertragen.

Aber — sentire cum ecclesia ist nicht eine Mahnung an den Lehrer der Kirche allein, sondern auch an den Hörer, an jeden Getauften. Aber wie soll ich mit dieser Mahnung durch die Wand der Vielen kommen, über die Mauern der Frommen und Unfrommen, denen gemeinsam die Kirche nichts, die eigene Überzeugung alles bedeutet? Charisma ist jetzt die persönliche Ausstrahlung derer, die auffallen als einzelne, die herausragen aus anderen, nicht zu ihnen »passen«. Ich fürchte, die Pfingstpredigt als Predigt der Kirche wird Gegenwind haben. Aber ich werde nicht schweigen können.

5.

Wird mein Freund schließlich bei mir einen »LOBPREIS DES GEISTES« hören? Mich bewegt seine Bitte, doch zögere ich wieder. Wird das Lob des Geistes aus meinem Mund, mit Worten meiner Eigenart, einmünden in den Lobpreis Gottes aus dem Herzen derer, die mich hören?

Mir widerstrebt es, das Lob zum Thema zu machen. Ich möchte aber das »Amen« auf meine Predigt einmal nicht selber sprechen, sondern es hören wie ein »Halleluja!« Und darum soll meine Predigt die heimliche und die spürbare Anrufung des Heiligen Geistes durchziehen: KOMM, HEILIGER GEIST! — VENI CREATOR SPIRITUS!

Mein Freund hat mich in Ratlosigkeit geführt. Aber ich werde ihm dankbar antworten. Denn er hat mich aus meinen Sicherheiten herausgeweckt. Und immer geht der Pfingstpredigt die Ratlosigkeit voraus. Nach Johannes hat der Herr die Jünger mit dem Heiligen Geist angeblasen, die sich versteckt hatten in einem Raum mit verschlossenen Türen. Jetzt muß ich durch diese Türen hindurch hinausgehen. Und da draußen weht der Wind.

Vor Pfingsten

Ich bitte,
Herr,
um deinen Geist!

Ich soll von dir reden
und
ich habe nichts zu sagen.
Ich bitte,
Herr,
um deinen Geist!
Ich habe dich nicht gekannt
und soll dich
mit Worten
bekannt machen.
Ich bitte,
Herr,
um deinen Geist!
Ich bin dem Zauber der Sprache erlegen,
aber niemanden und nichts verändert's,
wenn ich rede.
Ich bitte,
Herr,
um deinen Geist!
Fern bist du mir
in den Geschichten von dir;
es langweilen mich
deine Erzähler.
Ich bitte,
Herr,
um deinen Geist!
Die dich im Munde führen,
sagen mir
gar nichts.

Ich bitte,
Herr,
um deinen Geist!
    Nichtssagend
    ist mein Wort,
    wenn ich sage,
    es sei deins.
Ich bitte,
Herr,
um deinen Geist!
    Meine besten Freunde
    hören nicht hin,
    wenn du zu Wort kommst
    bei mir.
Ich bitte,
Herr,
um deinen Geist!
    Ich bin
    kein Beter,
    denn du
    schweigst.
Ich bitte,
Herr,
um deinen Geist!
    Ich sage den Leuten,
    daß du
    sie erleuchtest;
    aber ich
    bin noch nie
    über meinen Schatten gesprungen.
Ich bitte,
Herr,
um deinen Geist!

Gebet im Kämmerlein — vor Pfingsten

Wenn ich rede
von dir,
Herr,
rede ich dann
von dir,
Herr?
Mir
ist es eingefallen.
Ich
habe Worte gefunden.
Ich
will sagen,
was
ich
sagen will.
Heute
rede ich nach gestern.
Morgen
läge in allem ein anderer Ton.
Meine Rede klingt
je nachdem,
ob ein Vogel singt vor dem Fenster
oder
ob nichts sich rührt in mir oder draußen.
Meine Rede
bringt Launen zu Wort.
Und
wer Ohren hat zu hören,
hört,
ob ich
liebe
oder hasse
zur Zeit.
Ich rede.

Rede ich,
wenn ich rede,
von dir,
Herr?
Redest
du?
Sprich,
Herr!

Klage

Herr,
einst
bist du
ins Gerede gekommen,
bekannt geworden durch's Wort.
Jetzt
— Herr, erbarme dich!
bist du
untergegangen in Wörtern.
Deine Kirche
— Herr, erbarme dich! —
ist unsere Kirche geworden,
und
der Sturm des Bekenntnisses
zum Hauch unseres Glaubens.
Was jetzt
— Herr, erbarme dich! —
über dich gesagt wird,
wird nachgeschlagen in Büchern.
Und ein Wort,
das keiner las,
weckt Argwohn unter den Frommen.
Sie haben
Lust und Farbe
aus meiner Sprache getrieben.
Und wenn sie von dir reden,
wollen sie sich nicht wundern.
Ich aber
— Herr, erbarme dich! —
schweige,
wenn ich rede
von dir,
Herr.

Sie haben
alles festgemacht,
was zu sagen ist
von dir.
Und das,
was feststeht,
habe ich zu lehren.
Aber
— Herr, erbarme dich! —
ich würde gerne
auf Unerhörtes hören,
auf Ungesehenes sehen,
Ungesprochenes sprechen lassen.
Und einmal
möchte ich dort,
wo ich stehe,
weil's meines Amtes ist,
dort zu stehen,
mir begegnen,
damit du
dort einen Menschen triffst,
der sich nicht versteckt
hinter Worten von anderen,
als seien es
Worte von dir.
Du
— Herr, erbarme dich! —
hast es nicht verdient,
daß du
nur Wiederholtes
zu hören kriegst,
als dein Lob
und meine Klage.
Ach,
Herr,
erbarme dich!

Der eine und der andere Geist

Wenn einer spricht;
wenn einer hört,
daß einer spricht;
wenn er versteht,
was er von einem hört,
der spricht;
wenn zwei
miteinander
jubeln,
weil einer gehört,
was der andere gesagt hat;
wenn viele
miteinander
reden,
hören,
sich erinnern,
vergessen,
verwerfen —
Geist des Menschen.
Aber
wenn eines davon
in zweien oder dreien
das Leben aufatmen läßt
und Lächeln gibt
in ein müdes Gesicht . . . . . .
dann
erwacht Christus
im Heiligen Geist.

Es wartet
die Kirche
wieder.

Zwischen Ostern und Pfingsten — Morgenandachten

Vor Pfingsten — Viel Gerede und nichts dahinter

Guten Morgen
zwischen Ostern und Pfingsten!
Das
ist nicht vielversprechend.
Denn
zwischen Ostern und Pfingsten
bedeutet:
Viel Gerede
und nichts dahinter.
Ich meine es nicht boshaft.
Ich erinnere an die Bibel:
»Er ist auferstanden!«
sagen die Frauen.
»Weiber!«
antworten die anderen.
So ist das
vor Pfingsten.
Es kommt nichts an bei den Leuten.
Es sagt ihnen nichts,
was da gesagt wird.
Vor Pfingsten ist es,
wie wenn ein Bub
atemlos heimkommt
und erzählt,
was er Aufregendes erlebt hat,
und keiner hört ihm zu.
Das Wichtigste — nicht so wichtig!
Die Hauptsache —
»Ach was!«
So ist das
vor Pfingsten.
Viel Gerede
und nichts dahinter!

Daß Jesus von Nazareth
einfache Wege gezeigt hat,
Versöhnung in den Alltag zu bringen;
daß er
ein Beispiel
für eine Politik des Einfachen
gegeben hat,
das wird
vor Pfingsten
keinem etwas sagen.
Und es wird alles
so weitergehen
wie bisher
unter uns.
Und es wird
vor Pfingsten
Politiker und Kirchenleute
nicht ändern.
Es sei denn,
es hört einer hin,
wenn er
Jesus von Versöhnung reden hört,
und macht die Augen auf
und sagt:
»Das ist es!«
Dann
ist es Pfingsten.
Und so
geht ein Licht auf.
Wir werden darum beten müssen.

Vor Pfingsten — Da ist nichts zu machen

Zwischen Ostern und Pfingsten —
guten Tag!
Die Arbeit beginnt.
Wir haben viel zu tun.
Und was kommt heraus
vor Pfingsten?
Viele Vorschläge gibt es
für einen lebenswerten Tag,
viele Einwände
gegen die Bosheit im Land.
Und hinter vielem
steht die Mahnung,
die Würde des Lebens zu achten
und Gott zu ehren.
Aber
vor Pfingsten
führt es zu nichts.
Erst zu Pfingsten
wird die Rede von Christus
eine zündende Rede.
Vor Pfingsten
ist jeder
mit seinen Ideen
und mit seinem Glauben
persönlich allein
und lebt hinter verschlossenen Türen,
wie es erzählt wird
von Jesu Jüngern.
Vor Pfingsten
redet jeder
— selbst
wenn er Gesichter vor sich hat —
zu einer Wand,
wenn er redet.

Ich denke
an Synoden,
an Sitzungen in den Gemeinden,
an Konzilien
und Konferenzen.
Sie beraten die Verantwortung
für die Welt,
für die Gerechtigkeit,
für die Versöhnung.
Abgeordnete reden
und hören zu
und schaffen nichts.
Erst
wenn sie reden
und zuhören
und antworten . . . . ;
wenn sie nicht sagen:
»Ja, aber . . . . !«
oder:
»Vielleicht . . . . !«
sondern:
»Ja,
genau so
und jetzt . . . . !«
Und wenn sie es dann *tun*,
dann
ist es Pfingsten.
Und dann wird es heißen:
»Christus lebt!«
Dann —
Wir werden darum beten müssen.

Vor Pfingsten — Alles beim alten

Grüß Gott!
Ostern ist es gewesen.
Wird es nun Pfingsten?
Zwischen Ostern und Pfingsten
— bevor den Leuten ein Licht aufgeht —
ist alles so,
wie es ist,
aussichtslos nicht anders.
Die Welt
schmutzt sich ein.
Ich
komme nicht zur Besinnung.
Schuld
bleibt Schuld
und ein herrlicher Gesprächsstoff für die,
die sich gut vorkommen.
Und der heutige Tag
wird so werden
wie alle Tage
vor Pfingsten.
Es ändert sich nichts.
Und Jesus
bleibt tot,
wenn es auch noch so viel Gerede gibt
über ihn.
Und die Kirche Jesu Christi
richtet nichts aus
vor Pfingsten;
es sei denn das,
was ihre Aufgabe nicht ist,
— zum Beispiel —
die religiöse Unterhaltung der Leute.
Aber dann
hört einmal einer hin,

wenn Jesu Wort laut wird;
und der strahlt
und tut,
was er vorher nie getan hätte,
und er hat eine Ausstrahlung,
die anderen guttut.
Wenn Jesus von Nazareth
oder einer,
der von ihm spricht,
derart Eindruck macht,
dann
ist es Pfingsten.
Und dann
steckt in Geboten
kein Druck mehr.
Und keiner hat das Gefühl,
er würde fertiggemacht.
Dann
werden Menschen verändert;
denn dann
hören sie,
daß sie
geliebt werden in Jesu Geist
und in ihrer Würde geachtet.
Dann —
Wann?
Schauen Sie sich um,
horchen Sie!
Pfingsten
ist vielleicht heute.

Vor Pfingsten — Keine Aussicht

Friede sei mit Ihnen!
Aber
ich komme von dem Gedanken nicht los,
daß wir
zwischen Ostern und Pfingsten
leben,
also immer wieder
vor dem Augenblick,
an dem sich unsere Welt verändert
in einem guten Geist.
Über die Zeit von gestern und früher
wird viel geredet.
Aber was daraus wird —.
Mir geht es nicht anders.
Ich kenne mich
— zum Beispiel —
mit den Ideen und Vorlieben der Jungen
nicht aus.
Ich bin davon überzeugt,
mehr Rücksicht,
mehr Vorsicht,
mehr Menschlichkeit
gelernt zu haben als sie.
Ich
bin davon überzeugt.
Zwischen Ostern und Pfingsten
schauen eben die Leute zurück
und versuchen,
das zu bewahren,
was sich bewährt hat.
Es hatten auch Jesu Jünger
nichts besseres zu tun,
als hinter verschlossenen Türen
sich über ihren Meister zu unterhalten,

der nicht mehr unter ihnen war.
Und ich habe den Eindruck,
als sähen
Christen und Kirchen
darin ihr Vorbild.
Sie reden über das Leben,
messen es an Jesus,
und Jesus ist nicht da.
Ich las den Satz:
»Ich habe keine Hoffnung.
Ich rechne jetzt mit nichts!«
Und so
komme ich mir
persönlich
und in der Kirche
ohne Pfingsten vor.
Aber einmal werden
einige
aus ihrem Kirchenraum ohne Fenster
herauskommen
und Hoffnung ausstrahlen
und eine Hoffnung sein.
Sie werden
sich nicht fürchten vor der Welt,
sondern die Welt beleben.
Und man wird nicht zweifeln,
daß Christus sie bewegt.
So
ist es nämlich
mit dem Heiligen Geist.
So.
Zeit wird's,
meine ich,
höchste Zeit!

Vor Pfingsten — Achselzucken

Grüß Gott!
Zwischen Ostern und Pfingsten,
in einer Zeit,
in der es
— wie jetzt —
an einem belebenden Geist fehlt,
geht nichts weiter.
Mein Gruß
wird wohl angenommen,
aber er erhellt niemandes Gesicht.
Oder
die Predigt am Sonntag
wird gehört,
aber nicht beklatscht.
Christus
ist bekannt,
aber nicht der Rede wert.
Politiker
und einige Stille im Lande
haben große Ideen,
wie das Leben der Menschen
und die Fruchtbarkeit der Erde
bewahrt und gebessert werden könnte.
Aber es bleibt
bei der kleinen Bosheit,
beim Terror,
beim Gift im Boden
und beim Schmutz aus den Händen derer,
denen es gut geht.
Zwischen Ostern und Pfingsten
gibt's keine Leute,
die mittun
und anpacken
im gleichen Geist.

Vor Pfingsten
heißt es wohl vielmals:
»Jesus ist auferstanden!«
Aber die Menschen
zucken mit den Achseln.
Erst zu Pfingsten
kommen sie in Bewegung.
Wenn es Pfingsten wird,
geht manchen unter ihnen ein Licht auf.
Und plötzlich
geschieht etwas zwischen denen,
die reden,
und denen,
die hören.
Und die Welt schaut aus,
als wirke Gott
endlich.
Und daß die Art Christi
zur Überzeugung nur eines Menschen wird,
darauf
wartet die Welt
zwischen Ostern und Pfingsten.
Und es ist schon geschehen,
daß Gott
lächeln konnte
über seine Leute auf der Erde.
Es ist schon geschehen.
Und als es geschah,
ging's dieser Welt gut.
Es muß nur Pfingsten werden
heute
— vielleicht.

Vor Pfingsten — Religion: Privatsache

Ich wünsche Ihnen
einen gesegneten Tag!
Aber
— ich weiß —
Ihre Religion
ist Ihre Privatsache
zwischen Ostern und Pfingsten.
Es gibt zwar in diesem Land
Religionsunterricht
und viele Predigten.
Aber
vor Pfingsten
bewegen sie niemanden.
Haben Sie etwa gemerkt,
daß die Rede von der Vergebung
gestern
nachgewirkt hat
in den Reden der Menschen?
Ich höre manchmal:
»Ich habe meinen Glauben.«
Aber solange das verborgen bleibt
als persönliche Regung,
ist's noch
zwischen Ostern und Pfingsten.
Da trägt allenfalls einer
ein paar angeregte Gedanken
mit sich herum.
Und es versickert der Glaube
in denen,
die sagen,
sie seien gläubig.
Aber einer sagt:
»Da geht mir ein Licht auf!«
Und ein anderer drängt:

»Du,
ich muß dir etwas erzählen!«
Und wenn auf solche Weise
Christus
an die Öffentlichkeit tritt,
dann
ist es Pfingsten.
Pfingsten ist es schon,
wenn Menschen
über einen Menschen staunen
und sagen:
»Was hat der
für eine gute Art,
mit Menschen umzugehen!
Der tut,
was Gott täte!«
Zwischen Ostern und Pfingsten
läßt sie's kalt.
Zwischen Ostern und Pfingsten
sagen sie wahrscheinlich:
»Der spinnt!«
Aber dann,
wenn's Pfingsten wird,
verändert sie's.
Merken Sie?
Es steht noch etwas aus!

Vor Pfingsten — Warten auf Antwort

Gott
sei mit Ihnen!
Aber
ohne Pfingsten
gibt es keine Kirche,
die der Rede wert wäre.
Da können die Leute
so fromm sein
und soviel von Jesus reden,
wie es ihnen gefällt;
es wird nichts draus
vor Pfingsten.
Denn Pfingsten heißt:
»Jetzt
geht mir ein Licht auf!
Der Weg in die Zukunft
für mich,
für meine Stadt,
für diese Welt
heißt Christus!«
Vor Pfingsten
diskutiert man allenfalls darüber,
ob Jesus
vielleicht den Frieden bringen,
versöhnlicher stimmen
und bescheidener machen könne.
Aber
er wird es nicht tun
vor Pfingsten.
In diesen Tagen
hat jeder höchstens eine Meinung dazu,
teilt sie mit diesem,
streitet über sie mit jenem
und zieht sich mit ihr zurück

dorthin,
wo er sich ungestört wohlfühlt,
an seinen Stammtisch
oder in seine Kirche.
Aber
es zündet nichts,
es springt kein Funke über.
Von Wendungen in der Welt zu reden,
ist schon recht;
über Jesus zu predigen,
ist schon gut.
Aber
zu einem neuen Geist
kommt es unter den Leuten erst,
wenn sie
auf das Reden antworten:
»O ja,
das ist es!«
Zu Pfingsten kommt die Antwort.
Und nicht
auf neue Reden
wartet unsere Welt,
sondern
auf Antworten,
auf meine Antwort
und auf Ihre Antwort.

Auf ein Wort — Aphorismen

Als die Jünger hörten,
Jesus lebe,
sagten sie:
»Geschwätz!«
Nichts ist wahr
ohne einen,
der antwortet:
»Wahrhaftig!«

*

Zu Pfingsten
war das erste »Amen!«
von Christen zu hören.

*

Diese Predigt —
leise,
ohne Aufhebens in der Sprache,
aber
von Satz zu Satz
nicht vorauszusehen,
war
wie das Brausen eines gewaltigen Windes.
Denn danach
brach der Sturm los in mir.
Wann war das nur?

*

Pfingsten —
der Tag des großen Mißverständnisses.
*

Feiert Pfingsten
zu Weihnachten!
Dann
könnte
das Kind in der Krippe
zu Gottes Sohn werden
— erstaunlicher Weise.

*

Die schönste Pfingstgeschichte des Lukas
ist
seine erste:
»Es begab sich aber ...«

*

Auch
ein Kind in der Krippe
macht aus Hirten
keine Beter
ohne
den Heiligen Geist.

*

Es lebt die Welt
auch ohne ihn.
Doch
ohne ihn
ist diese Welt
zum Fürchten.

*

Ich kam nicht,
um zu singen,
ich kam,
um zu hören.
Nun singe ich.
Ich habe gehört.

*

An dieser Kirche
fasziniert
die Chance.

Gebetsnacht — Nächtliches Beten auf Pfingsten zu

Beobachtungen

In die Nacht hinein sitzen und plaudern, miteinander feiern und aus dem Lärmen in die Stille kommen, sind Erfahrungen, die jeder machen kann. Nächtliche Gespräche ohne besonderen Anlaß oder Rahmen gehören manchmal zu den bedeutendsten Erinnerungen. Seit ältester Zeit markieren nächtliche Gespräche auch Lebenswenden, Neuorientierungen und Zeitenwechsel.

Durchwachte Osternachtfeiern, Liturgische Nächte im Anschluß an das Politische Nachtgebet oder im Stil von Taizé-Treffen, Ketten-Nachtwachen in Bruderschaften und ähnlichen Gemeinschaften vermitteln Menschen unterschiedlichen Herkommens Einsichten in durchbetete Zeit.

Die Vigilfeier

Nach Augustin ist die Osternacht die Mutter aller Nachtwachen. Das Besondere dieser Nacht prägte auch die nachgestalteten Gebetswachen zu den hohen Festen und auf jeden Sonntag hin. Später verlagerte sich das private Beten in der Nacht vor dem Herrentag oder vor den Festen zu Gemeindefeiern oder fand als Zusammenschluß der drei nächtlichen Gebetsstunden in den Klöstern festliche Entfaltung. In Klöstern hat das nächtliche Beten den beständigsten Sitz im Leben.

Seit der Wiederentdeckung der Osternacht in der Evangelischen Kirche im Jahr 1936 wuchs das Bedürfnis, auch andere Nächte betend zu begehen. Dabei hat sich die Grundstruktur nächtlichen Betens aus ältester Zeit bewährt: Lektio — Responsorium — Psalmodie. Die Weiterentwicklung dieses Ansatzes führt zum Dreischritt: Information und biblische Lesung — heutige Antwort und Bekenntnis — Gesang von Psalmen, altem und neuem Liedgut.

Die Nacht gehört zu den Urbildern der religiösen und psychischen Wirklichkeit der Menschen. Im Dualismus von Tag und Nacht, Licht und Dunkel kommt der Nacht besondere Qualität und Ambivalenz zu. Mit dem Dunkel verbunden sind Geburt und Tod; das, was im Verborgenen reift und ans Licht kommt; aber auch das unheimlich Verschlingende, Raubende und Vernichtende hat seinen Ort und seine Zeit in der Nacht. In tiefenpsychologischen Verstehensprozessen hat die Nacht ihren Symbolwert, mit dessen Hilfe Probleme bearbeitet werden können.

Mit Christus hat die religiöse Deutung des Dualismus von Tag und Nacht ihr Ende gefunden. Der Kirche gilt die Mahnung, zu wachen und zu beten, nicht um die bösen Geister zu vertreiben, sondern um auf den Herrn Christus ausgerichtet zu sein. Das schließt die Dimensionen der Vergangenheit, der Gegenwart und der Zukunft ein. Die Nacht ist normalerweise Schlafenszeit. Wer aber in der Nacht freiwillig wacht, erinnert damit die eigentliche Berufung des Menschen, die immer über das Hier und Jetzt hinausweist auf die Gemeinschaft mit Christus. [1]

Die Vorbereitung

Wer eine Nachtwache begehen will, muß vorher einiges bedenken:

Wer kann mitmachen?
Welche Zeit bietet sich zur Vorbereitung an?
Wie lange soll das Wachen dauern?
Wie kann ein Thema entfaltet werden?
Welche Räume stehen zur Verfügung?
Welche Zeit bietet sich an? [2]

---

[1] Walter Stökl (Hg.), Erfahrungen mit der Nacht, Stauda 1976.
[2] Albrecht Peters, Gebetswachen in neuer Gestalt; FS Frieder Schulz, Heidelberg 1988, s. 438—456; dort weitere Literatur zum Thema.

Wenn nur einige Stunden miteinander gewacht werden soll, genügt ein — ausreichend belüftbarer — Gebetsraum und ein (Vor)Raum, in dem man sich zwischendurch aufhalten und stärken kann. Sanitäranlagen in der Nähe sind wichtig. Bleibt man die Nacht über beisammen, so ist ein Ruheraum nötig.

Die Klärung entsprechender Sicherheitsfragen (Nachtbeleuchtung, Hinweisschilder, Feuerschutz, Evakuierungsmöglichkeiten . . .) darf nicht übersehen werden.

Kerzenlicht ist anderen Lichtquellen vorzuziehen. Feuergefahr und Rauchentwicklung müssen aber bedacht werden. Liedblätter sind in genügender Anzahl und mit vergrößertem Druck herzustellen, damit auch bei schwacher Beleuchtung mitgelesen werden kann.

Neben der Orgel bieten sich andere Musikinstrumente an: Orff-Instrumentarium, Flöten, Streicher . . . An die Beleuchtung für die Musiker ist zu denken.

Sollen Diapositive gezeigt werden, so muß der nötige Aufbau möglichst ohne Störung vollzogen werden; auf freiliegende Kabel und Schattenbildung ist zu achten. Die Benutzung von Meditationshockern oder Decken hat sich bewährt.

Im Ruheraum genügen Schlafmatten, Polster und Decken. Im Vorraum — oder in einem eigenen Raum — sollten Getränke, Obst und etwas für einen kleinen Imbiß bereitgestellt sein.

Die Gestaltung

Eine Einführung als »Motivenbericht« am Beginn jeder Einheit erleichtert es denen, die nur einen Teil der Nacht dabei sein können oder wollen, früher gehen oder später kommen, den Zusammenhang zu erfassen.

Folgende zeitliche Gliederung hat sich bewährt:

19 Uhr: Taufe und Taufgedächtnis

Die Gebetsnacht beginnt mit einem Taufgottesdienst oder mit einem Gottesdienst als Taufgedächtnis.

Eine Entfaltung von Römer 6 verbindet die Auferstehungsbotschaft mit dem neuen Leben des Christen.

Alte und neue Lieder zur Taufe werden gesungen.

Symbolhandlungen mit Wasser, Kreuzeszeichen und Licht (Osterkerze — Taufkerze) haben hier ihren Platz.

Dieser Gottesdienst sollte nicht länger als 40 Minuten dauern.[3]

Im Anschluß daran ist Zeit für einen Imbiß und für die Gestaltung des Gebetsraumes.

20 Uhr: Das Wehen des Geistes

Aus den vielfältig zum Pfingstfest in Beziehung stehenden Bibeltexten kann unschwer ein aktuelles Thema formuliert werden:

Gen 1, 1—5 (Schöpfung); Erweiterung bis Gen 3,19
Gen 11, 1—9 (Turmbau und Sprachenverwirrung)
Jes 44, 1—5 (Wasser auf das Durstige)
Joel 2 ff (Söhne und Töchter sollen weissagen)
Ex 19, 3—6 (Heiliges Volk)
Röm 8, 1—11 (Gesetz des Geistes)
Joh 16, 5—15 (Der Geist der Wahrheit)
Hes 36, 22—28 (vom neuen Geist)
Sach 4, 1—14 (Nicht durch Heer und Kraft)
Apg 10 (Taufe im Haus des Cornelius)
Gal 3, 1—5 (Geist und Predigt des Glaubens)
Eph 4, 11—16 (Zurüstung der Heiligen)

Geeignete Lieder oder Instrumentalmusik gliedern die Entfaltung des Themas.

In diesem wortorientierten Teil der Nacht haben auch Elemente der Information, der Reflexion oder der Interpretation durch andere Texte ihren Platz.[4]

---

[3] Ökumene Fachausschuß der Ev.-Luth. Kirche in Bayern, Hg.
Taufgedächtnis feiern. Praktisch-liturgische Hilfen, München 1990.

[4] Fachzeitschriften; Werke von Martin Gutl, Styria Verlag-Graz;
Wilhelm Wilms, Butzon & Bercker; u.a.

Diese Einheit schließt um 21.30 Uhr mit der gesungenen Komplet.[5]

Danach ist Zeit für einen Imbiß, für die Begrüßung neuer Gäste, für die Neugestaltung des Raumes.

22 Uhr: Meditative Vertiefung

Es werden Bilder gezeigt; wenige Worte benennen das Motiv und stellen den Zusammenhang oder den Kontrast zum Thema her. Zeit zum Schweigen ist reichlich bemessen. Aus der Stille heraus mag das Lesen oder Singen eines Psalmes kommen, ein Lied, ein Kanon oder auch ein Gespräch.

Dem Geist Raum zu geben und nicht zuviel der Zeit zu verplanen, ist eine der wesentlichsten Erfahrungen in diesem Abschnitt der Nacht.

24 Uhr: Nachtwache oder freies Beten

Jeder Teilnehmer entscheidet selber darüber, wie lange er im Gebetsraum bleibt. Es ist Zeit für freies Gebet, für Stille, für leises Kommen und Gehen.

Es ist auf die Möglichkeit hinzuweisen, nur diese Zeit zwischen Mitternacht und dem Morgen in stillem Gebet zu verbringen.

Hält man eine Ketten-Nachtwache, dann sollte die Zeit bis 6 Uhr gegliedert werden in Abschnitte von einer oder zwei Stunden. Mindestens zwei Beter sollten für jeden Abschnitt eingeteilt sein. Texte und Gebetsanliegen sollten vorbereitet sein (Fürbittkalender, Namenslisten von Kranken, Konfirmanden, Gefährdeten; Anliegen der Welt und der Weltchristenheit).

Diese Einheit sollte mit einem gemeinsamen Lied derer, die wach sind, um 6 Uhr beschlossen werden.

7 Uhr: Das Fest

Ein festlicher Abendmahlsgottesdienst vereint dann am Morgen alle, die in der Nacht gebetet und gewacht haben mit denen, die neu hinzukommen. Im Ursinn der Eucharistiefeier, dem Dank an

---

[5] Evangelisches Tagzeitenbuch; Gotteslob u.a.

Gott für alle Gaben zeitlicher und ewiger Art, wird in diesem Gottesdienst dem Geist Christi gemäß das Brot geteilt, der Kelch gereicht und ein Opfer gesammelt, das für eines der Gebetsanliegen bestimmt ist. Damit weist die feiernde Gemeinde über den sichtbaren Kreis hinaus in die Weite der Kirche.

In Aufnahme des Introitus-Psalms 118: »Schmückt das Fest mit Maien bis an die Hörner des Altars« kann von nun an den Raum besonderer Blumen- und Strauchschmuck zieren. Dieses gewiß auch unter dem Gedanken: Bewahrung der Schöpfung — Neuschöpfung — Hingabe und Vollendung. Die Kerzen auf dem Altar nehmen die Lichtsymbolik auf und unterstreichen den Festcharakter.

Die roten Paramente weisen auf das Feuer der Be-geisterung und auf das Blut der Märtyrer; ein weißer Talar zeugt von der österlichen Freude der Auferstehung Christi.

Ein gemeinsames Frühstück leitet in den weiteren Tag über.

Pfingsten — Das Fest

Predigten

Johannes 14,23—27
Das Fest des unterbrochenen Schweigens

Am Anfang —
Schweigen
und Ratlosigkeit über die Welt ohne Christus.
Und dann — ein Fest?
Tage wie alle anderen
gehen mit ihren Abenden dahin
und lassen niemanden aufhorchen.
Und verordnete Feiertage — ach.
Die Geschichte von gestern
steht ihnen entgegen.
Wer kann feiern,
wenn er weint;
wenn ihn die Frage erwischt,
ob nicht durch Jesu Tod
der Glaube an ihn
abhängig geworden sei
von Menschen
und Meinungen
und von der Geschicklichkeit der Rede.
Jesus,
der tröstlich antworten könnte,
ist nicht da.
Und was andere sagen —
hilft's,
heilt's,
ist's heilig?
Ich verstehe den Wunsch
nach einem eindrücklichen Pfingstfest,
nach eindeutigen Worten.

Ich verstehe den Wunsch
nach Ereignissen,
die anders sind als alles Alltägliche.
Ich verstehe die Sehnsucht nach dem,
was spontanes Staunen weckt,
die Sehnsucht
nach einem »Pfingsten bis in die Fußspitzen«.
Und ich fürchte zugleich diejenigen,
die so etwas *machen*
mit einer Begabung
zum umwerfenden Lächeln,
zu verlockenden Bewegungen segnender Hände,
zum betörenden Ton in der Stimme,
die schon fromm ist,
bevor sie etwas sagt.
Aber —
dieses Fest
wird von Menschen
nicht gezeugt,
sondern empfangen.
Und
— ich bleibe im verwunderlichen Bild —
wie der Same eindringt
in den für ihn bereiten Leib,
so nehmen
die Rede von Jesus
und Jesu Worte
— vielleicht —
Wohnung in einem Menschen.
Und was dem willigen Ja dann folgt,
ist das Fest.
Hat Jesus nicht von der Liebe gesprochen,
die es auslöst?
Doch ich wundere mich:
So einfach
wird der Glaube geweckt?
So einfach?
Eindringen lassen?

Empfangen?
Hören?
Ich höre vieles.
Ich höre,
was mahnt,
warnt,
straft,
lehrt,
abweist,
fordert,
lockt
und liebt.
Ich höre,
was urteilt
mit Wissen und Besserwissen,
mit Härte
oder mit Freundlichkeit.
Ich höre Worte,
die vorübergehen
wie liebenswerte oder mißmutige Gesichter.
Und alle warten sie darauf,
daß ich antworte
mit Zorn
und Entsetzen,
mit Fragen
oder mit begeistertem Ja und Amen.
Sie warten alle,
solange ich schweige.
Und unter ihnen
die Erinnerung an Jesu Worte —
ausgerufen,
gemahnt,
gedichtet,
gesungen,
gebetet
und ins Gespräch gebracht bei denen,
die sich Sorgen machen
um die kommenden Tage auf dieser Erde.

Die Erinnerung an Jesus,
der gesagt hat,
er,
der Leidende,
und nicht der Gewinner,
sei der »Weg«,
nicht diejenigen also,
die bei uns erfolgreich den Ton angeben
und für glücklich gehalten werden.
Jesus,
der sich die »Wahrheit« nannte,
aber niemals diejenigen selig gepriesen hat,
die große und enthusiastische Erlebnisse hatten
und darum überlegene Gläubige waren.
Er hat diejenigen selig gepriesen,
die suchen,
die brennende Fragen haben,
weil Gott sich in Schweigen hüllt;
die also,
die das,
was sie tun,
tun müssen in eigener Verantwortung
und mühsam,
die »geistlich Armen«
hat Jesus selig gepriesen.
Und er hat sich »das Leben« genannt,
und ist doch am Kreuz gestorben,
dem Zeichen der unveränderten Scheußlichkeit
menschlichen Geistes.
Jesus hat . . . .
Worte,
die vorübergehen wie Gesichter.
Aber irgendeinem geht durch sie ein Licht auf.
Und der Funke springt auf andere über.
Und die Worte nisten sich ein
als die Wahrheit
in diese Menschen.
Und diese Menschen

staunen,
begreifen,
unterbrechen das Schweigen
und lassen die Worte reifen,
entwickeln sie,
bringen sie zur Sprache
in dieser Welt,
die eine andere Welt ist
als die Welt Jesu von Nazareth;
sie sprechen sie aus
mit anderen Tönen als damals.
Und sie hören sie hilfreich
in Lebenslagen,
die Jesus gar nicht gekannt hat.
Aus Geschichten von gestern
werden Bewegungen von heute
und Aussichten für morgen.
Und was nicht für uns gedacht war
— Jesus war Jude! —,
wird von uns ergriffen,
weil's übertragbar ist in unsere Tage
und sagbar in Worten,
die Jesus niemals gesagt hätte damals,
die aber jetzt
in dieser Stadt
und angesichts der Politik dieser Welt
ein Segen wären,
wenn sie gesprochen würden.
Worte sind's,
Menschenworte.
Und diese Worte
bringen Menschen von heute dazu,
Jesus zu lieben.
Zu Pfingsten damals in Jerusalem
sah das verrückt aus.
Ich möchte heute der Liebe zu Jesus
das Irre nehmen,
das schwärmerisch Lächerliche.

Ich möchte zeigen,
daß die Liebe zu Jesus
über die Zeit verliebter Tage
und über die Flitterwochen hinaus ist.
Sie hat die Festigkeit gewonnen,
die alltäglich nötig ist,
um den bösen Tönen unter uns Menschen
und der Angst voreinander zu begegnen;
die liebevolle Festigkeit,
die dem Hochmut von Völkern wehrt
und dem Ungeist der besseren Gesellschaft
und dem Kleingeist der Leute
mit der weißen Weste.
Und ich nehme dazu
Jesu Wort von seinem Frieden auf.
Und ich höre heraus,
daß dieser Frieden
nichts Lächelndes an sich hat
und eher der Angst näher ist,
gefährdet durch die Art der Leute.
Dieser Frieden
ist wie das Erwachen einer Erkenntnis,
wie die Gewißheit,
daß alles gut ist,
obwohl alles wehtut.
Und dieser Frieden kommt dadurch —
Ach,
ich weiß es nicht.
Ich kenne keine Methoden.
Der Frieden Christi ist nicht so da,
daß man sich nur zu bedienen hätte,
wenn man den Preis wüßte
und Gegengaben zur Verfügung hätte
oder die richtigen Seiten der Bibel
zur gefälligen Lektüre.
Der Frieden versagt sich oft
und muß nicht selten errungen werden
mit dem Ohr,

das zuhören kann,
und mit der Mühsal des Nachdenkens.
Er kommt nicht,
wenn die Stimmen nicht laut werden,
die in der Sprache von heute sagen,
was heilt.
Aber —
er kommt,
die Stimmen sind da.
Denn unter dem,
was wir hören,
wird auch das laut,
was Christus sagen würde heute.
Daß
— zum Beispiel —
M.M. gelegentlich einmal
mit Worten,
die er Christus nachspricht,
einen Trostlosen tröstet
oder für einen Skeptiker eine Antwort hat,
die diesen aufatmen läßt,
das ist *eine* Art
jener unerhörten Erstaunlichkeit,
die zum Fest des Heiligen Geistes führen könnte,
das das ratlose Schweigen feiernd unterbricht.
Wenn irgendwo auf dieser alltäglichen Erde
der gute Geist Gottes Wohnung nimmt . . . .
Daß es geschehen *ist*,
bekennt Johannes.
Daß es immer wieder geschah,
feiert die Kirche Christi
mit dem heutigen Fest.
Und weil
ich
begreife,
daß wir nicht ausgeliefert sind
dem Ungeist
um uns und in uns,

sondern hoffen können
auf den Geist Gottes
um uns und in uns,
darum stimme ich ein in den Dank dafür.
Mit Ihnen?
Geist Gottes,
komm —!
Es ist Zeit.
Es ist Raum da
in mir.
Es ist alles leer.
Es ist alles still.
Kehr ein.
Komm.

Apostelgeschichte 2,1—18
Wenn's einmal anders kommt

Es hätte auch anders kommen können
für die, die beieinander waren.
Nicht nur meine Phantasie sagt's mir,
sondern vor allem meine Erfahrung.
Sie hatten ein Haus,
in dem sie sich trafen;
vielleicht war es schön,
sicher war's angemessen.
Sie trafen sich dort gern,
offenbar zahlreich und wahrscheinlich nicht selten.
Sie hatten einander von Jesus zu erzählen,
Erinnerungen an ihn zu sammeln,
weil ja jeder mit seinen Augen und Ohren
Jesus kennengelernt hatte.
So wenigstens erfuhren sie noch von ihrem Meister,
den sie nicht mehr fragen konnten,
was sie tun und was sie erwarten sollten.
Und — ich denke — sie lobten mit Psalmen
ihren Gott
bei dem Mahl,
das sie beibehalten hatten auch ohne ihren Freund
— wie er es gewünscht hatte zuletzt.
So war es doch.
Und es hätte durchaus geschehen können
an diesem Tag,
was immer wieder geschah und bis heute üblich ist,
wenn Christusfreunde beieinander sind:
irgendwann gehen sie heim,
fröhlich der eine, der andere bedrückt,
je nach seines Alltags Hoffnung oder Befürchtung.
Und sie werden wiederkommen und sich kennen
und wieder gehen . . . . . .
So hätte es kommen können am Pfingsttag,

so sonntäglich,
so kirchlich.
Zu kommentieren wär's trefflich:
»Da ist nichts los!«
Und das ist sehr oft gar keine Klage.
Denn es wird zuweilen als ärgerlicher empfunden,
wenn etwas los ist.
Denn wenn der Sturm etwas losreißt,
oder wenn das Feuer etwas verbrennt,
dann wird es unruhig und teuer für jeden,
der sein Haus gern bewahrt.
Und damit bin ich beim Festtag,
an dem es nicht so kam wie sonst immer,
einmal, zum ersten Mal nicht so.
Darum sage ich Ihnen zunächst:
Es könnte wohl mit Christi Kirche
und dieser Gemeinde
so weitergehen,
wie es ging bisher.
Und es könnte durchaus sein,
daß es selbst Gott so recht sei.
Und ich bin gewiß,
daß niemand unter uns von sich aus
fähig oder würdig wäre,
der Kirche einen enthusiastischen Zug zu geben.
Das sympathische Auftreten
eines kirchlichen »Führers«,
die phantastische Idee eines »religiösen Erfinders«,
oder die leidenschaftlichen Versuche eines Pfarrers,
seine Gemeinde wenigstens manchmal bei Laune
zu halten,
begeistern vielleicht;
aber nicht wie ein Feuer,
das durchbrennt;
eher wie ein Strohfeuer,
das verlöscht.
Und ich kann heute nicht sagen,
ob wir hier herausfinden werden aus unserem Stil.

Ich weiß nur,
daß wir Phantasie brauchen und Treue,
um beieinander zu bleiben.
Denn das war auch damals
die Voraussetzung für das Fest.
— Wer daheimbleibt,
    erlebt niemals etwas davon. —
Aber zusammen —
miteinander redend, hörend, betend,
kann es uns passieren,
daß einmal alles anders kommt als sonst.
Und dies nicht,
damit die Leute sagen:
»Jetzt ist etwas los!«
sondern damit sie einmal hören:
»Jetzt geht's los!«
Denn wenn dann einmal unter denen,
die da zusammenkommen,
die Wortwahl keine Rolle spielt dafür,
daß sie sich verstehen;
wenn dann einmal die Hemmung fällt zu singen;
wenn dann einmal niemandem
der Blick auf die Uhr einfällt,
weil er die Zeit vergißt;
wenn dann sogar Stotterer reden
und Brummer mitsingen;
wenn einmal niemand mehr meint,
es sei düster hier —
ach, dann werden immer noch welche da sein,
die lästern und hämisch sich abwenden
und nach Gründen suchen
für die Verrücktheit der Leute,
nach Gründen, die sie verstehen.
— Und »Besoffen!« werden sie urteilen,
    weil sie keine Ahnung haben,
    wodurch denn sonst Menschen außer sich
    geraten.
Aber diese Lästerer werden dann

den Lauf der Dinge nicht aufhalten
und es einmal nicht verhindern,
daß die Rede von Christus die Menschen so packt,
daß ihre Redensarten
geradezu buchstäblich wahr werden:
»Das wirft mich um!«
»Das bewegt mich!«
Und es werden viele ihre Konfession wechseln,
und man wird's in der Stadt merken,
weil's die Verhältnisse ändern,
und nicht mehr feststehen wird,
was bisher feststand.
Und nicht,
weil's gerade fesch oder politisch geschickt ist,
sondern weil in einem aufwühlenden Augenblick,
ausgelöst durch die Erinnerung
an Jesus von Nazareth,
die Wahrheit bekannt wird.
Und es ist eine unerhörte Wahrheit:
Gottes große Verheißungen
— geradezu schon papieren geworden —
verwirklichen sich in einem Menschenleben,
das gar nicht den Vorstellungen von Größe entspricht.
Gott schafft Leben gerade dann,
wenn nur noch das Kreuz sichtbar ist
und all das,
was an Verhöhnung und Verleumdung,
an Schmerzen und Verzagen
sich damit verbindet.
Hören Sie —
die, die dann das Wort nehmen
und singen und jubeln und bewegt werden,
werden Menschen sein,
die sonst nicht das Sagen haben oder Glück
oder eine gute Stellung unter den Leuten der Stadt.
Das soll die Stadt erst einmal verkraften!
Was da ausgelöst wird,
ist die Hoffnung für Menschen,

die durchaus wissen,
daß auch am Tag danach die Welt gefährdet
und nicht weniger böse sein wird.
Wenn einmal einer,
der nichts zu lachen hat, lacht,
dann bleibt die Welt wohl noch die alte,
aber der Geist dieser Welt hat eine Niederlage erlitten.
Und das ist passiert
zum ersten Mal damals in Jerusalem
und zuweilen seitdem;
und das wird wieder geschehen,
vielleicht sogar in dieser Gemeinde,
glaube ich.
Und die Hoffnung darauf läßt mich etwas hinzufügen.
Wenn hier unter uns
— selbst ohne stürmische und feurige Umstände —
Menschen so bewegt werden
von Christi Wort und unserer Gemeinschaft,
daß sie davon reden,
dazu einladen,
sich darauf freuen,
dann hat der gute Geist Gottes
stiller zwar, aber wirksam, sein Werk getan.
Wir werden darum
— auch ohne das Fest — weitermachen,
treu und mit der Phantasie *unseres* Geistes,
horchend auf Christus
und mit der Bitte,
daß wir bewahrt werden vor Stürmen und Feuer,
die alles Leben zerstören.
Aber lassen Sie uns in allem offen erwarten,
daß unter uns der Sturm des Geistes losbricht,
der nicht nur uns,
sondern die Stadt und die Welt
festmacht in der Hoffnung,
daß sie
— selbst wenn sie untergehen —
in Gott das Leben haben.

Johannes 16,5—15
Ich kann Ihnen Jesus nicht vorstellen

Ich kann Ihnen Jesus nicht vorstellen.
Ihm werden wir niemals beim Beten zuschauen,
ihn auch nicht fragen können,
was wir tun sollen heute und morgen.
Wie sollte er auch reden?
Wie sollte er denken?
Jüdisch?
Oder vielleicht doch besser deutsch?
Mit freundlichem Tonfall
und in unserer Mentalität?
Oder so,
daß wir einen Dolmetscher brauchen?
Nein —
Jesus ist nicht da.
Er steht niemandem
als Kronzeuge zur Verfügung.
Wir wissen nicht einmal eindeutig,
was Jesus damals gesagt und getan hat,
weil die Evangelisten
nicht in Ruhe und objektiv,
sondern aufgeregt und begeistert
von Ihm erzählt haben.
Und »wes das Herz voll ist,
dem geht der Mund über«.
Deswegen habe ich Ihnen gesagt:
Ich kann Ihnen Jesus nicht vorstellen.
Mancheiner in Christi Kirche leidet darunter.
Aber nach Johannes sagt Jesus:
»Es ist gut so!«
Ich versteh's,
es klärt sich mir allmählich.
Es ist ja — zum Beispiel — nicht Jesu Gesicht,
das gefallen soll.

Nicht die Art der Gesten Jesu ist es,
die anspricht.
Und es gilt nicht einfach als wiederholbar,
was Jesus in der Sprache seiner Zeit
und mit Bildern seines Landes gesagt hat.
Er ist nicht einfach derselbe,
angesichts dessen die Bewohner von Nazareth
verächtlich mit den Achseln zuckten,
und der heute morgen Sie hier an seinen Tisch lädt.
Er ist nicht einfach derselbe.
Jesus von Nazareth ist nicht da.
Er ist auch niemals einem Typen wie mir begegnet.
Und er hat nicht gewußt,
mit welchen Schwierigkeiten einer veränderten Welt
es unsereiner zu tun haben wird;
von welcher Art die bösen Geister sein werden,
die *uns* bedrohen.
Die Fülle menschlicher Lebensläufe
voller Wendungen und Schrecken
in unserer Geschichte und in der Gegenwart
wären für den Zimmermann aus Galiläa
unfaßbar gewesen.
Aber —
dem Pfarrer voller Fragen an seinem Schreibtisch
hat Christus etwas zu sagen
und der Neunzigjährigen,
die von ihren Erinnerungen an die Flucht
nicht loskommt,
und dem Mörder,
der im Gefängnisgottesdienst wohl zum ersten Mal
»Großer Gott, wir loben dich!«
singt,
fast tonlos,
aber mit bewegten Lippen.
Beispiele sind's dafür,
in welchem Maß Jesus die Grenzen Galiläas
überschritten hat damit,
daß er fortging von dieser Erde.

Daß dies alles möglich ist!
Ich kann Jesus verkündigen,
ohne ihn zu zitieren.
Es kann ein Verurteilter
sich auf den Freispruch durch Jesus berufen,
ohne ihn je gesehen oder gehört zu haben.
Und einer,
der damit fertig werden muß,
daß Jesus ihn oder einen geliebten Anderen
nicht heilt,
kann diesem Jesus dennoch ein Loblied singen,
weil die Botschaft von Jesus ihm die Last erleichtert.
Daß das möglich ist!
Ist es möglich?
Darauf schnell zu antworten:
»Ja!«,
scheue ich mich.
Zu selbstsicher kommt es mir vor.
Und Johannes macht mit Jesu Worten aufmerksam
auf eine glaubwürdige Erfahrung.
Nicht denen ist die Wahrheit verheißen,
die sich der Wahrheit sicher sind,
sondern denen,
die ein Herz voller Trauer haben;
voll der Trauer darüber,
daß Jesus nicht zur Verfügung steht mit Hilfe
wie einer, den ich neben mir habe.
Ich
muß meine Entscheidungen selbst treffen,
weiß nicht,
was gut ist und böse.
Mein Gott
geht meinen Schritten niemals so voraus,
daß ich nicht fallen könnte.
Er sitzt nicht so im Regiment,
daß ich nichts anstellen könnte,
was für mich und meine Welt ein Schaden wäre.
Er unternimmt nichts wirksam

gegen die Lüge unter den Menschen,
gegen scheinheilige Gerissenheit
und gegen die Lust der Leute,
andere ins Schuldeck zu drängen.
Christen haben zu keinem Augenblick
eine fertige Antwort bereit.
Sie sind allein
mit ratlosen Fragen oder mit ihrer Klugheit,
mit Widerspruch und Besserwisserei.
So allein sein — und dann
gehen — reden — handeln
und sich darauf verlassen,
daß die Barmherzigkeit Gottes größer ist
als die Folgen des Irrens
und die Urteile der anderen.
Jeder unter uns gestaltet sein Leben
ohne Jesus neben sich.
Daß er daran nicht zugrunde geht;
daß er nicht festgenagelt wird an seinen Fehlern;
daß er sich nicht ausliefern läßt
den unguten Geistern von hier;
daß er der Güte Gottes traut
und selber gütig sein will;
daß er ohne Jesus neben sich
mit Jesus seine Welt heilt,
das ist es,
was Jesus gesandt hat.
Es spricht die Sprache unserer Zeit,
trägt unsere Handschrift,
aber es ist Jesu Werk,
geprägt von der Leidenschaft,
mit anderen Mitteln als jenen der Macht,
Leben möglich zu machen auf dieser Erde.
Ich kann Ihnen Jesus nicht vorstellen.
Es ist gut so.
Er will ja auch zu *Ihnen* sprechen.

1. Korinther 2,12—16
Raum für — den sonst verschwiegenen — Christus

Wir haben Christi Sinn? Wir? Wirklich?
Macht das unsere liebenswerte Art? Kaum, gelt?

Denn wenn unsere Liebenswürdigkeit einmal müde wird, und nur gereizter Zorn sich zeigt, müßte Christi Sinn in uns wohl eine Niederlage hingenommen, vielleicht gar sich als Täuschung ausgewiesen haben. Wir . . . Mir scheint, es wird Leute geben, die uns widersprechen werden. Und ihr Widerspruch wird uns wohl kleinlaut machen. Denn wir haben manch einen an unserem Weg liegen lassen. Und wenn der sich erinnert, wird ihm kaum einfallen, irgendeinem zu sagen, er habe an uns Christi Geist gespürt.

Und selbst wenn wir nicht von uns Einzelnen, sondern von unserer Gemeinde sagten, wir hätten Christi Sinn, müßte wohl über manch eines Gesicht ein skeptisches Lächeln und in einiger Leute Gedanken recht kräftiger Ärger kommen. Denn an manchen Äußerungen der evangelischen Kirche und ihrer Gemeinde, an Episoden ihrer Vergangenheit und an Zeichen ihrer Gegenwart haftet genug Zweifelhaftes, daß unser Geist kaum als geistlich, eher als sehr menschlich zu bezeichnen wäre.

Also — kein Pfingstfest?
Lieber nicht?
O ja —
es gibt da etwas, das mich »Gott sei Dank!« sagen läßt. Es gibt hier etwas, das gilt und guttut trotz unserer Art, etwas, das unsere Liebenswürdigkeit gar nicht vermag, das unseren Ungeist zum Schweigen bringt.

Hier in dieser Gemeinde — Freunde, das heißt: hier in der heiligen christlichen Kirche — ist Christi Geist lebendig. Hier unter uns wirkt er. Hier widerspricht er den Urteilen des einen über den anderen; hier kämpft er gegen kleingeistiges Geschwätz; hier beschämt er uns Unbarmherzige; hier wird er zum Wunder, wenn er hier Unruhige zur Stille, Getroffene zum Verzeihen, Müde zum Hören, Glückliche zum Danken bringt.

Hier —

Ich urteile damit nicht verklärend über die Menschen hier, über die Leute der Kirche; und ich schließe nicht vernarrt die Augen. Ich weiß, was dagegen spricht, kenne auch genug von dem, was diesen Morgen verhindern, unser Gebet miteinander vergiften, unser geeintes Hören überlärmen, unseren Frieden an Jesu Tisch durchkreuzen, also Jesu Geist zum Schweigen bringen könnte. Viel Zufälliges ist darunter, viel Angewöhntes, Beiläufiges, viel persönliche Geschichte, viel Schuld. Und ich kann es nicht leugnen, daß wir hier nicht geeint werden durch die Wege, die uns in diesen Tag und hierher geführt haben.

Aber —

ich sage die Wahrheit — meine ich, wenn ich bewußt *und* zitternd sage: hier unter uns ist ein Leben weckender Geist lebendig; hier werden zueinander Brücken gebaut, werden Ungeliebte gegrüßt, wird Schuldigen die Tür aufgetan; hier unter uns wird die Treue Gottes ausgerufen; der — sonst verschwiegene — Christus hat hier unter uns Raum.

Hier —

ich meine es, ich sag's, ich zweifle nicht daran, ich freue mich darüber. Sollte ich mich irren? Nein! Wenn es wahr ist — liegt es dann an mir? Nein — nicht wahr. Und doch auch! Liegt es an Ihnen? Nein — gelt. Und doch auch!

Denn *lebt* hier Christi Geist, so hat er seinen Leib, seinen Ausdruck, sein Aussehen, sein Temperament, seine Farbe und seine Gesten an uns, von uns.

So seltsam es klingt: uns prägt der Geist Jesu von Nazareth, an den wir glauben. Diese unsichere, ziemlich gestaltlose, manchmal verstörte, mühevolle bemühte Gemeinde aus Leuten von vielerorts ist sein Gefäß. Wer Christi Geist sucht, findet ihn hier.

Wir —!

O, wir haben diesen Geist nicht erfunden, nicht erschaffen, nicht an diesen Ort gebracht. Es ist nicht unser Geist — leider nicht, wahrhaftig nicht.

Wir haben diesen Geist *empfangen*!

Empfangen von ... Soll ich sagen: ... von Gott? Ich will es sagen. Aber große Worte sind oft abgegriffen, profillos geworden. Und die rituellen Worte eines Festes klingen manchmal festlich hohl. Ich sage darum wohl: von Gott; aber ich sage es anders.

Wir haben Christi Geist empfangen — von der Mutter, vom Vater, von einem, der uns beeindruckt hat . . .; ein Onkel war es, ein Freund, ein Lehrer; vielleicht ein Gedicht auch; empfangen — lange nach seiner Zeit — von einem Großen der Geschichte — wir können ja lesen —; von einem Heiligen; von einem, dessen Namen wir demütig nennen; empfangen von kurzen Augenblicken, von kleinen Gesten, die uns berührten. Wir haben empfangen . . . Wir wurden nicht durch eigene Vernunft, weder durch eigene Kraft noch durch unsere Liebenswürdigkeit, nicht durch Fleiß und nicht durch entschlossenen Willen fähig, Gefäß des Heiligen Geistes zu sein. Und wir sind es nicht unangefochten, selbstverständlich, jederzeit. Gnade ist es, Gnade war es, Gnade von Begegnungen, Gnade, die uns traf von anderswoher . . . . . .!

Hier — wo ich manchmal verzagen möchte und klagen und mahnen und fragen nach Christi Frucht unter uns und in mir, hier sage ich heute: Hier ist ein guter Ort; wohnlich und heilend ist es in unserer Welt und in dieser Stadt durch ihn; denn hier — und an vielen Orten, die ihr gleichen in Rom und in Canterburry und . . . — gilt Barmherzigkeit und Hoffnung. Sie doch will Gott, weil dieser Gott das Leben will. Jesus hat das erkannt. Dieses Jesus Geist haben wir.

4. Mose 11,11—12.14—17.24—25
Einer allein — bis der Funke überspringt

Heute ist es möglich, mit Ihnen zu reden über die Last, die es bedeutet, die Gemeinde Gottes zu tragen, und über die Kraft, mit der es gelingt. Und dabei werde ich nicht nur über Mose reden — diese große Gestalt des Glaubens und der Treue —, sondern auch über mich und mein Amt und über die Kräfte, die die Kirche Jesu Christi am Leben erhalten.

Ich habe wirklich mit Ihnen zu reden von dem, was — in höchstem Maß erstaunlich — Vertrauen zu Gott möglich macht unter Menschen, die das Fleisch in der Pfanne mehr schätzen als das Gotteslob auf den Lippen. Ich habe mit Ihnen darüber zu reden, weil's nötig ist um der Gemeinde Gottes willen.

Es geht einfach nicht so weiter, daß das Volk Gottes immer wieder meint, seine Religion sei eine »Religion des bewegten Kopfes«. Die Leute denken, *einer* habe zu reden vom Willen Gottes, etwas zu geben oder etwas zu fordern; und sie könnten dann mit dem Kopf nicken oder mit dem Kopf schütteln, je nachdem ob das, was sie hören ihnen gefällt, oder ob sie sich empören. Und der eine, der Sprecher, der Prediger, der Priester Gottes, habe dann zu sehen, wie er — zwischen dem mächtigen Gott und den widersprechenden Leuten — fertig werde mit dem Zwiespalt, der lähmt.

Bedenken Sie — Mose predigte: »Gott führt euch!«, und die Leute sagten: »Wir wollen aber Fleisch!« So zerbricht an der Erwartung der Leute und an der Einsamkeit des Einen die Glaubwürdigkeit Gottes.

Einer allein kann dem Volk nicht helfen, daß es glaube und hoffe und dieses Leben bewältige, ohne die Zuversicht zu verlieren. Daß Gott mit dem Volk sei, hat er zu *sagen*; aber er allein kann es nicht *zeigen*. Einer allein steht einer Mauer gegenüber, einer undurchdringlichen Fülle von Meinungen, Wünschen, Erfahrungen und Phantasien von Menschen, die sagen: »Wir können dir nicht folgen, weil wir von anderswoher kommen als du, und weil wir unser Ziel anders sehen!«

Einer allein — glauben Sie mir: ich spüre das! — hat gar nichts, was ihn auswiese als einen, der Gottes Autorität und Einsicht hinter sich hat. Mose steht daher ebenso da wie ich oder sonst einer irgendwo, der allein die Last trägt, von Gottes Willen reden zu sollen.

Aber — er ist erfüllt mit Gottes Geist. Und damit mache ich kein großes Wort. Ich spreche damit zuerst einmal von seinem Auftrag. Es ist sein Beruf, zu sagen, was Gott sagen würde. Er ist dazu berufen, selbst wenn er es einsam tun muß. Er kann nicht mehr widersprechen; er wird gebraucht. So steht Mose da. So stehe ich da; und mit mir viele andere. Schon in diesem Sinn ist der Heilige Geist eine Macht, die einen Menschen nicht nach seinem Belieben entläßt oder überkommt. Und solch ein Auftrag, solche Begabung — welch ein Wort! — ist nötig für Menschen, damit andere Menschen Vertrauen finden zu ihrem Gott. Nur — zu einem »Heiligen« macht der Heilige Geist auch diesen Begabten nicht. Mose klagt. Er zweifelt daran, daß es einen Sinn hat, sich mit diesem Volk als Gottesbote weiter abzugeben.

Herr Gott,
es wird mir zu viel,
zu reden,
zu unterrichten,
zu schreiben,
daß es schön sein könnte
in dieser Welt,
wenn die Leute
das täten,
was du willst.

Was,
o Gott,
soll ich ihnen sagen?
Du führst die Welt?
Und die Leute
weinen
oder zürnen.
Das verschlägt mir die Rede.

Warum,
Herr Gott,
läßt du *mich* das ausfechten?
Warum läßt du das Volk
ohne eine Begegnung mir *dir*.
Es wäre doch deine Sache.
Ich schaffe es nicht!
Und das ist nicht auszuhalten!

So redet der Bote mit seinem Gott. Die Gemeinde hat ja keine
Ahnung von dem, was dort vorgeht an Zagen und Zweifeln, wo sie
alles für wohlgeordnet und fest gegründet hält in der Tiefe des Glaubens. Dort wird gerungen. Mose ist mein Zeuge.

Und die Klage des einen fordert Gott heraus, etwas zu tun. Und
das, was dann geschieht, ist unerhört; und es ist das, was Menschen
zum Volk Gottes macht: Es springt ein Funke über von dem Ein-
samen auf andere. Es werden andere bewegt. Und sie nicken nicht
nur mit dem Kopf. Sie hören und staunen. Ein Licht geht ihnen auf.
Einer, der ihnen begegnet, würde sagen können, sie seien »ent-
flammt«. Sie strahlen; nicht so, daß sie für verrückt zu halten wären
— wenn auch manche witzeln über sie —; nein so, daß sie in ihrer in-
neren Bewegung vertrauensvoll wirken; daß man sie gern anschaut,
sich an sie wendet. Sie haben etwas zu sagen. Ihre Begeisterung
weckt Begeisterung. Man sagt heute, sie seien »charismatische«
Leute. Wo sie reden, wo sie zugreifen, wo sie da sind, dort wird die
Frage, wo Gott sei, kaum mehr gestellt, so als seien sie selbst schon
eine Antwort darauf. Es sind zwar niemals viele — wenn es doch alle
wären! —; aber diese bauen Gottes Volk, führen es durch harte Zeiten, bewahren es davor, durch mangelnden Glauben in die Bedeu-
tunglosigkeit abzusacken, so daß die Stadt — oder die Wüste — es
gar nicht mehr bemerkt. Die, auf die der Funke überspringt, tragen
die Gemeinde durch ihre Art, durch ihr Reden, durch ihre Liebe.
Die, auf die der Funke überspringt ......!

Und manchmal kann es passieren, daß um diese Begeisterten alle Fadheit verschwindet, alle erdlastige Schwere. Und ein Strahlen geht von ihnen aus ins Land und in die Häuser; und die Leute dort sind nicht wiederzuerkennen, so als sei Gott selbst in sie eingezogen. So gelingt es, die Last einer Gemeinde zu tragen und das Leben ohne Gott durchzustehen als ein Leben mit Gott. *Das* ist die Wirkung des Heiligen Geistes!

Psalm 118
Leben aus dem Schutt

Dichten sollte ich können,
um so zu beten,
daß Sie einstimmen in mein Gebet wie in ein Lied.
Dichten sollte ich,
Gott einen Teppich zu legen mit meinen Worten.
Dichten sollte ich
ihm einen Thron.
Wie kann ich dichten,
wenn die Worte mir fehlen!
Sehen müßte ich;
die Worte sehen,
die wie Farben und Formen
ein Bild werden,
das meinen Gott ehrt,
ihn schmückt,
ihn groß macht.
Doch —
selbst wenn meine Sprache voller Rühmungen wäre;
wenn ich mit ihren Worten spielen,
mit ihr Bilder und Töne einfangen könnte;
selbst wenn das,
was ich dichte,
so schön wäre,
daß Sie mit mir singen und mit mir beten —
leer wäre es
und gewidmet einem erdichteten Gott,
wenn ich nicht vorher
mich gewundert hätte über meinen Gott
oder gar erschreckt worden wäre durch ihn.
Niemand dichtet einen Gott groß,
wenn er nicht vorher
gestottert oder keine Worte gefunden hätte,
weil er seinen Gott nicht begriff.

Feste zu lieben
und in feierliche Töne zu verfallen,
hat mit unserem Gott nichts zu tun,
wenn er nicht vorher
den Alltag verändert hat durch Wendungen,
die nicht in meinen Möglichkeiten lagen
oder gar nicht in meinem Sinn waren.
Den Jüngern ist es vor Pfingsten
im Traum nicht eingefallen,
ihren Jesus als Gottes Sohn zu verkünden.
Sein Tod war kein Bild für Gedichte!
Und ich wollte dichten?
Glauben sollte ich!
Und da zögere ich.
Finde ich Worte?
Weil die ersten Worte des Glaubens
eher gestottert sind als gesungen,
sind auch seine Gedichte und Reden
nicht selbstsicher.
Gefährdet sind sie.
Sie streiten gegen alles,
was die Augen sehen und die Nerven spüren.
Wer dichtet denn glaubwürdig:
»Das ist das Tor des Herrn!«?
Glaubwürdig nur der,
der weiß, was es heißt,
immer wieder vor Türen zu stehen,
die verschlossen sind
— zugeschlagen von irgendwem.
Und dadurch hat sein Glaube den Anschein,
nicht wahr zu sein.
»Der Tag, den der Herr macht«,
beginnt jedenfalls nicht wie andere Tage
einfach mit dem Morgen,
sondern mit einem Wunder.
Meinem Gott einen Thron zu dichten,
ist jedenfalls nicht die Sache dessen,
dem immer alle Türen offenstehen.

Niemals erzählt einer von Wundern,
dem es gut geht,
und um den man sich keine Sorgen machen muß.
Von Wundern erzählt allenfalls einer,
für den niemand mehr Hoffnung hat.
Der Eckstein nämlich an einem Bau,
der mit meinem Gott zu tun hat,
ist ein Stein vom Schutt,
der schon weggeworfen war.
Ich wollte dichten und glauben
und bin doch nur einer,
der von selber und in grübelnden Gedanken
nicht begreift,
daß ein Stein vom Schutt noch wertvoll ist,
selbst dann,
wenn er nicht als kostbare Antiquität
in den Handel gebracht werden kann.
Verworfener Stein,
weggeschmissene Steine,
Gottes Werkstatt — ein Schutthaufen?
Heißt er nicht Golgatha?
Scherben — nichts, womit etwas zu machen wäre!
Das Dichten vergeht mir.
Zu glauben ist meine Sache nicht.

Aber —
da geht mir das Licht dieses Tages auf.
Da höre ich den seltsamen Ton heraus,
der heute laut wird.
Und ich spüre die Eigenart des Pfingstfestes jetzt.
Nichts geschieht da,
was *mir* für ein Gedicht eingefallen wäre.
Aber es bewegt mich etwas,
— wörtlich sogar —.
als müßte ich gehen,
um davon zu erzählen.
Und zugleich bin ich darauf gefaßt,
belächelt zu werden von denen,

die einen anderen Geist haben.
Denn was bewegt mich?
Der tote Mann,
über den gar nicht wenige den Kopf schütteln,
hat eine Botschaft.
Und ich möchte sie denen sagen,
die auch — wie weggeworfene Steine — am Ende
sind:
»Nicht sterben — leben!«
Es spricht alles dagegen,
ich spreche dafür.
Und ich glaube daran:
Die,
die diese Botschaft hören,
ihr trauen und kommen,
die kommen »im Namen des Herrn«.
Und sie machen einen anderen Geist spürbar
als den,
der dort herrscht,
wo Schutt auf dem Schutthaufen bleibt.
Denn —
was bewegt sie?
Was belebt sie?
Was macht die Art aus,
in der sie miteinander umgehen?
Was ist's?
Ein anderer Geist ist's als der Geist unter uns.
Ein anderer.
Ein heiliger.
Ich erinnere mich an Jesus.
Er
hat aus einem Gedicht
Leben gemacht;
aus dem Gedicht,
das ich gern gedichtet hätte.
Gelobt sei er!

Römer 8,1—2.10—11
Was spricht für mich? — Wenigstens einer!

Da möge die ganze Welt widersprechen —
ich stehe hier, und kein Urteil trifft mich.
Und ich bitte Sie,
dies für sich mir nachzudenken.
Ich lege Ihnen diese Worte in den Mund,
daß sie sagen:
Da möge die ganze Welt widersprechen —
es gibt nichts zu verdammen an mir.
Und die Welt *wird* widersprechen,
denn die Welt ist nicht anonym und nicht schweigsam.
Sie trägt die Gesichter der Leute,
und sie steckt in mir selbst.
Und was es zu mir anzumerken und zu bereden,
was es an mir zu verurteilen gibt,
das wissen die Leute,
und das weiß ich — meist — auch.
Was Paulus
— ich mag seine geladene Sprache nicht —
»das Gesetz der Sünde und des Todes«
nennt,
das nenne ich alles,
»was mich fertig macht.«
Und das ist genug.
O wohl —
es ist die Erde,
unser Land
und unsere Stadt,
sehr schön,
aufregend,
voller Reiz für Augen und Verstand;
Geheimnisse und Aufgaben
bietet sie dem Wachen.
Und groß sind die Chancen zur Freude!

Aber —
wenn der sonnige Tag seiner Höhe nah ist,
begegnet mir sicher irgendeiner,
der mir zeigt mit seinem unfreundlichen Gesicht,
daß ich nichts zu strahlen habe;
wenn mir gerade gelungen ist,
wofür ich mich angestrengt hatte,
kriege ich sicher zu hören,
was an mir eigentlich nicht auszustehen ist;
wenn der Mensch Wissen genug hat und Können,
diese Erde wunderbar wohnlich zu gestalten,
kommen Mahner und Mäkler
und die,
die immer leiden müssen
am Wegrand der Kundigen,
und sagen ihm,
daß er drauf und dran sei,
die Erde zu zerstören.
Und sie haben recht.
Und ich wehre mich
und muß sie doch bestätigen.
Und Ängste kommen
und aus den Ängsten Rezepte.
Und ich höre sie wie ein Urteil,
mache es besser ein wenig
und werde wieder der Frage ausgesetzt:
»Wie kannst du . . .!?«
Nichts ist zu verdammen an mir?
Die Welt widerspricht.
Und es spricht alles für sie.
Sie macht mich nicht frei.
Sie macht mich fertig.
Und ich habe dem nichts entgegenzusetzen.
Oder gelingt's etwa unter uns,
Schuld zu rechtfertigen
und das Urteil der Leute
zum Schweigen zu bringen?
Es gelingt ja nicht einmal in mir.

Aber
ich bin nicht fertigzumachen.
Ich versteh's freilich nicht.
Denn ich hab's nicht im Temperament.
Und es nicht mein Verdienst.
Aber ich kriege es mit,
daß dort,
wo Christus etwas gilt,
eine andere Atmosphäre herrscht als dort,
wo die Leute den Ton ihrer Welt angeben;
als dort auch,
wo ich von mir und meinen Urteilen überzeugt bin.
. . . wo Christus gilt.
Ich glaube,
— ich sag's nicht sicher,
     weil ich's nicht sicher weiß;
     ich sag's zaghaft,
     aber dankbar —
ich glaube,
daß Christus unter uns etwas gilt.
Gilt —?
Unter uns wird immer wieder wider Erwarten
der Welt die Stirn geboten,
weil hier Jesus Christus
wenigstens das Wort gegeben wird.
Und höre ich's, so höre ich:
»Komm!«
und das verärgerte Getuschel dabei
kommt offenbar nicht aus seinem Mund;
und ich höre:
»Leb wieder!«
Und das kleinliche »Na...!?«
verliert da die Macht.
Und das tödliche »Du nicht!«
hat nichts mehr zu sagen —
hier unter uns.
Hier unter uns ist gewiß nicht alles in Ordnung.
Kränkungen,

Angst voreinander,
Mißtrauen
und Arroganz
— alles, was fertigmacht —,
trägt die Atmosphäre der Welt auch hierhinein.
Aber —
daß Sie alle dies merken und messen an Jesus,
das zeigt schon —
er hat hier Macht.
Ich möchte Sie nachsinnen lassen:
welch ein Geist prägt uns,
unsere Gespräche daheim
und unsere Urteile über andere?
Ich möchte Sie nachsinnen lassen:
welch ein Geist spricht aus Jesu Worten,
die hier unter uns bedacht
und nachgesprochen werden?
Wenn Sie
im Nachsinnen
auf Gegensätze stoßen,
dann werden Sie erspüren,
warum die Kirche Jesu Christi
Jesu Geist
den heiligen nennt.
Denn er
spricht für uns.

Johannes 20,19—29
Kirche aus den Zweiflern

Entweder schweigen
oder Sünden erlassen.
Anderes
ist nicht die Art der Kirche Christi.
Und das Schweigen
ist ihre Herkunft,
nicht ihr Ziel.
Behutsam sage ich's.
Ich habe nicht das Recht,
die Furcht der Jünger
überholt zu nennen.
Sie sind wie wir.
Und wenn wir uns fürchten,
sollte niemand
seinen Zeigefinger heben
mit tadelndem Gesicht.
Mir sind die Schweiger lieber
als die Lächler;
und die,
die sich fürchten,
stehen mir näher als die,
die nichts erschüttert.
Und daß Christen
keine Angst haben dürften,
ist nicht wahr.
Wer an Christus glaubt,
ist deswegen,
weil er glaubt,
nicht selbstverständlich auch der Mutige.
Und die Kirche Christi
sollte nicht so tun,
als gäbe es für sie niemals die Zeit,
in der sie ihre Türen zusperrt.

Ratlosigkeit und Furcht
steht Jesu Jüngern durchaus zu Gesicht.
Denn der,
den sie gern in der Nähe hätten
als Wegweiser
und Gastgeber,
ist nicht immer da
auf ihrem Weg
oder an ihrem Tisch.
Er ist sehr oft
seiner Gemeinde fern
und nicht zu finden
vor ihren Türen
oder hinter ihnen.
Er wird
— ihrer Liebe zu ihm zum Trotz —
zum Schweigen gebracht,
übersehen,
getötet.
Und seine Gemeinde
ist dann still,
bewirkt nichts,
kann sich allenfalls unterhalten
mit treuen Erzählungen von dem,
was Jesus einst getan hat.
Die Kirche Christi ist nicht glaubwürdig,
wenn sie den Eindruck macht,
sie wüßte
jederzeit und zu allem
etwas zu sagen.
Der Geist,
den wir heilig nennen,
rennt keine offenen Türen ein.
Und erst,
wenn sie den Mund hält,
verleiht Christus seiner Kirche seinen Geist.
Die großen Worte
und die kleinen Ausreden,

die lauten frommen Unwahrheiten
und das dauernde Geschwätz
kriegen keinen Hauch des Geistes
und zeugen nicht von Begabung.
O,
da kommen neue Töne auf:
Wir können
für den Aufbau der Gemeinde
und für ihr Leben
absehen von den »guten Christen«.
Den Sicheren
sagt Christus nichts,
schon gar nicht:
»Friede sei mit euch!«
Dieser Gruß
steht *vor* dem Auftrag,
den Christus seinen Jüngern gibt.
Wenn Verängstigte den Frieden,
der ihnen fremd ist,
empfangen,
dann werden sie gesandt
auf Jesu Weg.
Und Jesu Weg —
führt nicht zu den Betern,
sondern zu den Zweiflern.
Jesu Weg führt nicht dorthin,
wo Gott gelobt wird,
sondern dorthin,
wo die Leute nicht »religiös« sind,
weil sie nicht sehen,
was lobenswert wäre.
Es ist der Weg zu denen,
denen die Sünden
die Gläubigkeit verwehren.
Bitte,
denken Sie mit dem Wort »Sünde«
nicht dort weiter,
wo Ihnen

Fehler und Bosheiten,
Heimlichkeiten und Skandale
einfallen.
Sünde —
Ratlosigkeit einem Gott gegenüber,
Fragen ohne Antwort,
Zorn darüber,
daß die,
die Gott im Munde führen,
sich unbeschadet etwas vormachen.
Sünde —
lebendige, wache Augen,
denen nichts entgeht,
aber
denen Gott nicht erscheint.
Ich stelle mir den Sünder
nicht als den vor,
der die Fäuste ballt,
sondern als den,
der die Hände ratlos hebt
und fragt:
»Wo ist in diesem Unheil Heil?«
Zu diesen
führt der Weg Jesu.
Zu diesen
wird Christi Kirche gesandt.
Dorthin —.
Und dort »Sünden erlassen«?
Bitte,
denken Sie jetzt nicht
an strenge Beichten,
nicht an harte Absolutionen!
Erlassene Sünde —
ratlose Fragen schweigen;
Thomas betet: »Mein Gott!«;
Staunen aus tiefem Atem:
»Gott hier!«;
Wahrheit,

die ohne Deuteln auf die Knie zwingt
aus Dankbarkeit.
Dies schafft der Geist,
den Jesus heilig nennt.
Er
ist nicht eine Methode,
die richtigen Worte zu finden,
nicht die Garantie rechtgläubiger Lehre,
oder was es sonst noch
an unpfingstlicher Kälte gäbe.
Der heilige Geist
ist das Wunder in der Rede,
die Menschen bewegt;
er ist der Zug im Gesicht,
der ein anderes Gesicht zum Strahlen bringt;
er ist der Händedruck,
der jeden Zweifel tröstet;
er ist der Atem,
aus dem der Überwältigte betet:
»Ja, Gott!«
Dieser Geist
baut die Kirche aus Zweiflern.
Und ihr Glaube?
Sehen?
Nein.
Doch — sehen!
Mit anderen Augen sehen.
Und mit gewissem Atem gehen:
»So! — Amen!«

Matthäus 16,13—19
Der Name des Felsens, auf dem die Kirche steht

Der Bischof von Rom, unser reisender Bruder, macht uns nachdenklich. Christus, auf den wir hoffen, nennt er vor Tausenden die Hoffnung. Das Abendmahl feiert er mit der Menge. Er wird gehört, vermerkt, beachtet. An seinem Wort werden andere Worte gemessen. Und es werden gleichwohl seine Gebote — gelten sie als unbequem — freizügig in den Wind geschlagen. Das Evangelium, das uns anvertraut ist, hat für Leute und Medien anscheinend nur *einen* Mund. Und Heiligkeit wird meßbar in Popularität. Würde und Unglaubwürdigkeit sind Nachbarn geworden.

Dort, wo dieser Bruder in Christus jetzt daheim ist, in Rom, stehen über dem Papstaltar die Worte, durch die er sich bestimmen läßt: »TUES PETRUS...!« (»Du bist Petrus...!«) aus dem Bericht des Matthäus, den ich jetzt lese.

Es gibt kaum ein Wort Jesu, das würdiger wäre, in die Mitte der Dome geschrieben und dort gehört und meditiert zu werden. An Simon ist es gerichtet. Und Simon spricht dann für sich und wenige nur. Keine Menge jubelt ihm zu. Das Apostelkollegium ist ein armer Haufen. Einer, ein temperamentvoller Nörgler und sympathischer Zweifler spricht — anstelle der wenigen anderen — aus, wen er in Jesus sieht.

Die anderen — das sind die, die spekulieren, diskutieren, fein distanzierte Überlegungen anstellen. Sie sehen in Jesus einen, der ... Und sie meinen damit eine jener Gestalten, von denen sie nach Abwägen und Bedenken gelegentlich ein bißchen lernen mögen.

Simon vergleicht nicht. Er wählt auch nicht aus. Simon ist überwältigt. Ich höre seine Worte als gestammelte Worte. Alles will er sagen, und nichts fällt ihm selber ein. Er zitiert nur und will doch Unerhörtes antworten. Er hält keine große Rede. Er staunt. Wirkt so nicht der Heilige Geist?

Ich stammle — um Simon verständlich zu machen — ihm nach: Du — Jesus? Du bist *der* ...!

Dichter haben wir gehabt und Weise, Propheten, Priester und einfältige Fromme. Und von Gott haben wir geträumt und gelernt und geredet. Du, Freund, bringst all das zum Schweigen — oder zum Klingen? Dich frage ich. Dir höre ich zu. Dir folge ich. Dir gehe ich entgegen. Du öffnest mir den Himmel, den ich nie kannte. Und meine Welt ist weit geworden, weiter als die Welt der Fischer und Weisen, weiter als die Welt der Frommen und Nörgler, weiter wahrhaftig als die Welt der Tyrannen und Militärs. Simon braucht dich. Simon ist ganz dein — »totus tuus«! Und Jesus staunt wohl.

Die Stunde ist einzigartig. Simon ist der erste, der Jesus so sieht. Er hat den Primat des Bekenners. Auf ihm baut Jesus darum seine Kirche.

Wie?

Ich weiß nicht, ob ich von einem Amt reden soll, das Jesus dem Simon übertragen habe. Aber ich weiß, daß ich eine Verheißung weitergeben muß:

Simon, Bekenner, was dir widerfahren ist, wirst du selber wirken. Lösen wirst du, aufatmen lassen. Und tust du's, so soll es gelten — nachhaltig, »im Himmel«. Tust du es nicht, so läßt du Verlorenes verloren — nachhaltig.

Bedenk's!

Und ich sehe jetzt unsere verängstete Welt, darin auch unsere Stadt, ihre fragenden Menschen . . . und ich spüre förmlich, wie lange schon viele von ihnen nichts achteten als sich selbst und nichts hatten als ihr Glück und ihre Kümmernisse, und wie sie plötzlich und schrecklich an ein Ende kommen können . . . Und ich spüre bis unter die Haut, wie sie dann — wortlos, mit suchenden Augen oder gekrümmt unter ihre Geschichte — warten auf ein Gesicht, das sich zu ihnen neigt; auf ein gutes Wort; auf einen Menschen, der sie über die Schwelle bringt. Und ich höre ihren Schrei: Halt mich! Befreie!

Das wirst du tun! So ist es verheißen.

Wem?

Dem Simon.

Und dann — wem? Wer sind seine Nachfolger?

Wir sollten nicht von Petri Nachfolgern reden. Wir sollten von Simons Nachfolgern sprechen, von denen, die Simon im Bekennen gefolgt sind und dann erst »Petrus« genannt werden könnten. Worin denn sonst wäre Jonas Sohn verheißungswürdig und nachfolgbar gewesen? Er war nicht einmal unter Jesu Kreuz. Und lieb hatte

Jesus den jungen Johannes gehabt. Und die ersten Zeugen der Auferstehung waren Frauen, nicht Simon. Was denn ist es wert, Simon zu folgen?

Als Antwort bekenne ich dies: Das Fundament der Kirche, ihr Felsengrund, ist zuerst der bekennende Simon gewesen. Und nach ihm? Dann bist es du gewesen, Bruder, der mir Christus gezeigt hat; Mutter, die meine Hoffnung geweckt hat; Freund, der meinen Blick für Gottes Weite geschärft, Fremder, der mich Demut gelehrt hat; ihr, die ihr an Jesu Tisch Christus mit mir teilt. Ich sage euch wahrhaftig — die Kirche in dieser Welt und die Gemeinde, die sich getraut, sich evangelisch zu nennen, wird siechen in schrecklicher Erlahmung, wenn unter uns ein solcher wie Simon fehlt.

Und der Bischof von Rom? Und der Papst?

Protestanten, wehrt euch solange nicht gegen sein Amt, als ihr nicht in Simons Nachfolge tretet! Wer sollte dann sichtbar machen, daß Jesu Kirche lebt?

Aber, wenn ihr persönlich bereit seid, neutestamentliche Korrekturen am Bild und am Leben der Kirche anzubringen, dann zeigt, was euch in Christus begegnet ist; dann sprecht das aus, was ihr bei Christus erfahrt, gebt es weiter:

Nicht zusperren — öffnen!

Nicht herrschen — führen!

Nicht fordern — zuneigen!

Sprach ich vom Papst, von der Leitung der Kirche Christi? O ja, es klangen meine Bedenken gegen die Gebärden des »Oberhauptes« und gegen seine gesetzliche Amtsgewalt durch. Und es ist doch keine höfische, diplomatische Floskel, wenn Jesus zitiert und daran erinnert wird, daß unter den Seinen der Diener der Größte sei, nicht der Herr. Und ich meine, würdevoll sehen die Menschen noch allemal den vor allem,

der versteht, statt bestimmt;

der öffnet, statt zusperrt;

der die Gedanken weitet, statt einengt;

der einlädt, statt abweist;

der Jesu Tisch für Müde und für Schlechte deckt.

Dies ist meine fragende Kritik an dem Bruder in Rom mit seinem hoheitsvollen Amt in der Kirche unseres Glaubens. Wie ich damit auch manch einen meine, der in unserer Kirche mit dem Gewicht des göttlichen Gesetzes — wie er meint — urteilt über andere und so Beklemmungen schafft.

Christen, ich meine, wir sollten den Bischof von Rom ehren. Die christliche Geschichte Roms gibt ihm einen würdigen Rang, weil Christus in sie seine Spuren geprägt hat. Wir sollten diesem Bischof offen zusehen und zuhören. Es ist da ein ergriffener Christ unterwegs zu Ohren und Herzen.

Doch laßt uns mit ihm auf dem Weg sein und — auch dort, wo er es nicht tut — lösen, was gebunden ist, und froh machen, wo er beklemmt. Gottes pfingstlicher Geist hat keine Reiserouten.

Und laßt uns hoffen. Vielleicht gewährt es Gott, daß wir alle einmal einem begegnen, in dem wir mit einem Halleluja im Herzen ungetrübt Christus erkennen. Ich meine, dieser »Papst« aller Christen sollte dann Simon heißen. Denn dieser Name wurde zum Symbol des Anfangs der Kirche, weil Simon zuerst Jesus den Christus nannte, die Hoffnung — Jesus allein.

Kollekten

Pfingsten

Gott,
daß Jesus
der Christus sei,
hat
dein Geist
offenbart;
bitte,
zeig uns
in Jesus
dein Gesicht,
daß wir
glauben an ihn
durch deinen Geist.

*

Gott,
gesprochen hast du
von deinen Taten
zu Jesu Zeiten
durch Jesu Jünger;
verschweig uns nicht,
was du
jetzt
tust,
daß wir dich erkennen
in Jesus,
dem Bruder
im Heiligen Geist.

Johannes 14,23—27

Herr,
es ist immer wieder
dasselbe:
Jesus
hat recht,
er
ist die Wahrheit
und er
befriedet
selbst unser zaghafes Herz,
wenn
uns dein Geist geschenkt wird.
Wir verehren dich,
naher Gott.

Apostelgeschichte 2,1—18

Sie
konnten es nicht fassen,
daß Jesus
dein Wort war
und ihr Licht;
wir
bekennen es nun
mit ihnen
in *einem* Geist:
du,
Bruder,
Gefährte zum Kreuz,
Weg,
Gott unter uns.

Johannes 16,5—15

Du,
Gott,
hast uns alleingelassen;
dich
haben wir nicht neben uns.
Wir bitten dich
um deinen guten Geist,
der uns beisteht,
dieser gefährdeten Erde
das Leben zu zeigen
und zu bewahren
durch Jesus,
den Christus
und Herrn.

1. Korinther 2,12—16

Gott,
dein Geist
lasse uns
ein Licht aufgehen,
daß wir
sehen mit deinen Augen
und
reden mit deinem Mund,
und die Welt
sich wundert,
wie reich sie ist
an deiner Weisheit
durch Christus,
unseren Bruder,
den wir bekennen
als unseren Herrn.

4. Mose 11,11—12.14—17.24—25

Gott,
du
erhebst deine Stimme
durch Menschen
verschiedener Art und Sprache;
öffne uns
die Ohren,
daß wir
dich hören
und
nicht meinen,
du habest uns
schon alles gesagt;
sprich
im Heiligen Geist.

Psalm 118

Gott,
wenn unsere Hoffnung vergeht,
gewährst du sie neu,
denn du
baust am Leben
mit Steinen,
die wir verwarfen.
Sei gelobt
mit Christus,
dem Herrn,
und dem Heiligen Geist.

Römer 8,1—2.10—11

Herr,
spricht auch alles
dagegen,
du sprichst
für uns
und machst
aus Kleinmütigen
und Bescholtenen
freie Menschen
durch deinen heiligen Geist.

Johannes 20,19—29

Gott,
in unser Schweigen
und
in unsere ratlosen Hände
komm
und gib deinen Geist,
daß Sünder
aufatmen
und leben
durch Christus,
den Herrn.

Jesaja 44,1—5

Durstig
verdorren die Menschen
in der Dürre ihres Geistes,
und du,
Gott,
mußt sie tränken
wie eine Quelle
belebenden Wassers,
daß sie leben.
Wir bitten dich darum
in Jesu Namen.

Hesekiel 36,22a.23—28

Herr der Zeit,
es komme der Tag,
an dem wir
begreifen,
was du willst,
und tun,
was du sagst,
damit die Welt
aufatme
im Heiligen Geist.

Galater 3,1—5

Was
unsere Augen
nicht gesehen,
das
haben unsere Ohren
gehört,
und wir
haben geglaubt,
daß
im gekreuzigten Bruder
du
nahe bist,
Gott.
Bewahre uns
vor Kleinmut
und stärke das Wort
im Heiligen Geist.

2. Korinther 3,12—18

Dich
zu hören,
dich
zu bekennen,
o Gott —
wie Schuppen von den Augen
fällt's,
Werk deines Geistes,
den wir anbeten
und erhoffen
durch Christus,
unseren Herrn.

Matthäus 16,13—20

Herr,
wenn du uns begegnest
mit dem Gesicht
eines Menschen von unserer Erde,
dann
laß uns von dir reden
mit Worten,
die dich
ins Licht des Himmels rücken
durch den Heiligen Geist.

Gebet nach Römer 8

Heiliger Geist!
Ich lache
— und ich habe doch Angst.
Ich singe
— und es gellen doch Schreie durchs Land.
Ich liebe
— und die Welt hat doch ein finsteres Gesicht.
Ich genieße die Blüten
— und es bebt doch die Erde.
Ich freue mich am Schönen
— und das Häßliche verdrießt doch meine Augen.
Ich schaue den Leuten ins Gesicht
— und trage doch Schuld mit mir.
Ich hoffe
— und werde doch fertig gemacht.
Was ist's,
das mich
so unverdammlich zuversichtlich macht?
Du bist es,
Heiliger Geist!
Christus sei Dank!

Pfingsten im Gesangbuch —
Versuch einer Annäherung

Pfingstausflug — Wohin?

»Du könntest dir eigentlich etwas einfallen lassen für unseren ge-
planten Pfingstausflug, bis ich morgen abend heimkomme«, hatte
Heidi gesagt. »Ich will's versuchen«, hatte ich geantwortet. Aber
sehr überzeugend dürfte es nicht geklungen haben, nicht weil ich
noch am Rasieren war und mich nun darüber ärgerte, daß ich Heidi
nicht, wie versprochen, würde zur Straßenbahn begleiten können,
sondern weil ich mich mit diesem Auftrag sofort überfordert fand.
Was soll denn ein Pfingst-Ausflug sein? Wahrscheinlich hat Heidi
da wieder eine bestimmte Vorstellung. Ausflug ja. Da gibt es viele
interessante Möglichkeiten. Aber Pfingst —? »Pfingsten« steht am
nächsten Sonntag im Kalender, das weiß ich. Und der Montag ist
dann arbeitsfrei; deshalb wollten wir ja schon am Freitagabend weg-
fahren, so daß wir volle drei Tage zur Verfügung haben. Letztes
Jahr war Pfingsten früher im Jahr, dessen entsinne ich mich; da
haben wir uns am Pfingstmontag verlobt, und es war noch recht
kalt. Pfingsten, das wird auch so ein kirchliches Fest sein wie Weihnachten, das immer wieder an einem anderen Wochentag stattfin-
det, und Ostern, das doch auch bald an dem, bald an jenem Datum
gefeiert wird. Aber was es mit diesen Festen, insbesondere mit
Pfingsten — merkwürdiges Wort! — für eine Bewandtnis hat, wie
soll ich das wissen mit meiner absolut kirchenfernen Erziehung?
Heidi hat mir vor unserer Hochzeit, als ich ohne große Begeisterung in die kirchliche Trauung einwilligte, ihr aber gestand, daß
mir all diese Dinge restlos fremd sind, versprochen, mir das alles
nach und nach zu erklären. Aber »Pfingsten« war noch nicht dran.
Sie wird denken, das wisse man ja. Allgemeinbildung! Schön und
recht. Aber nicht überall in Europa.

Ich greife fast automatisch nach der Bibel auf dem Bücherbord, die der Pfarrer mir bei der Trauung überreicht hatte. Vielleicht steht da etwas drin über Pfingsten. Müßte eigentlich! Im Inhaltsverzeichnis vorne kommt das Wort nicht vor. Aber da, zuhinterst in dem Buch, soll es »Wort- und Sacherklärungen« haben. Doch zwischen »Pfennig« und »Pfund« steht da nichts. Und ein Konversationslexikon besitzen wir noch nicht. Mißmutig schiebe ich die Bibel wieder in die Lücke auf dem Bücherbord. Dabei fällt mein Blick auf einen hellblauen Buchrücken mit der Aufschrift »Kirchengesangbuch«. Gute Idee! »Unserer lieben Schwester Heidi zur Konfirmation« steht da vorn drin und dann drei Namen in Schülerschrift. Mal sehen. Tatsächlich: Im Inhaltsverzeichnis nach dem Vorwort steht unter »Christliche Festzeiten« nach »Advent«, »Weihnachten« usw. auch »Pfingsten«. Land in Sicht! Vierzehn Pfingstlieder! Erneute Enttäuschung allerdings: Auch hier wird offenbar vorausgesetzt, daß man weiß, was Pfingsten bedeutet. Das Wort kommt zwar im letzten dieser Lieder am Anfang und am Schluß vor: »Daß es auf der armen Erde ... wieder einmal Pfingsten werden« und »Pfingsten werde überall!« Das erbitten die Christen hier. Welchen Sinn aber diese Bitte haben soll, da es ja auch ohne dies in acht Tagen unerbittlich Pfingsten werden wird, sehe ich einstweilen nicht ein.

O Heiliger Geist!

Was aber, mit Ausnahme dieses letzten, allen diesen Texten gemeinsam ist, wird mir schon beim ersten Durchblättern auf der Suche nach »Pfingsten« klar: Überall kommt gleich in der ersten Strophe das Wort »Geist«, häufiger auch »Heiliger Geist« vor: »Komm, Schöpfer Geist«, »Nun bitten wir den Heiligen Geist«, »O Heilger Geist, kehr bei uns ein«, »O Heiliger Geist, o heiliger Gott« ... Und immer wieder das »O«, das man normalerweise nur in großer Erregung braucht.

In anderen Abschnitten dieses Gesangbuches ist das alles nicht so, also handelt es sich dabei offenbar um eine Besonderheit dieses

Festes. Im übrigen fällt auf, daß das Beiwort »heilig«, das man doch nach allen Regeln, die wir in der Schule gelernt haben, klein schreiben müßte, hier stets groß geschrieben wird. Aber richtig: Bei »Karl der Große« mußten wir ja auch das Beiwort groß schreiben. Könnte dieser »Heilige Geist« vielleicht auch so etwas wie eine Person, am Ende gar Gott selbst sein? Mal sehen, was man hier darüber erfährt, was oder wer das ist.

Ausflugsziel: Heiliger Geist?

Daß es sich um eine Person handeln könnte, erkennt man wohl daran, daß dieser »Heilige Geist« fast immer um etwas gebeten wird: Er soll »kommen«, heißt es immer wieder, er soll »einkehren«. Einmal heißt der Angeredete »Schöpfer Geist«. Wenn es dann anderswo heißt: »Gott Vater, sende deinen Geist«, dann fragt man sich jedoch, ob er doch nicht selber kommen kann, sondern geschickt werden muß. Etwas später heißt er dann »hochgeliebter Geist des Vaters und des Sohnes« und noch deutlicher: »du bist gesandt vom Himmelsthron, von Gott dem Vater und dem Sohn«; er wird also von drei Instanzen aus gesandt. An anderer Stelle ist der Geist dann aber doch wieder eindeutig Gott selber, wenn er mit »wahrer Gott von Ewigkeit« angeredet wird. Interessant könnte sein, welche Namen die Dichter diesem Gott geben: Neben »Schöpfer Geist«, »Gott« und »Herr Gott« (nie in einem Wort geschrieben, wie ich das täte) finde ich: »Tröster« (mehrmals), »Sonne« (auch: »Herzenssonne«), »Labung«, »Liebe« (auch: »Geist der Liebe« und »Liebesgeist«), »Wonne« (zweimal), »Gottes Finger« (was soll denn das?), »Helfer«, »Licht« (auch: »Himmelslicht« und »Licht des Lebens«), »Balsam Gottes« (!), »lebendger Brunnenquell«, auch einfach »Quell« (oder »Quell des Lichts«), »Lebenshort« (auch: »Geist des Lebens« oder einfach »Leben«), »Himmelstau«, »Geist der Freude«, »Freund der Freundlichkeit«, »Geist der Kraft und Stärke«, »Feuer«, »Wort«, »Geist der Wahrheit« und (was mir mit Abstand am besten gefallen hat) »du Atem aus der ewgen Stille«. Im übrigen: eine verwirrende Fülle.

Was tut der Heilige Geist?

Möglicherweise komme ich eher hinter das Geheimnis dieses Heiligen Geistes, wenn ich darauf achte, was er laut diesen Texten tut oder tun soll . . . Aber du liebe Zeit: Da habe ich mich auf etwas eingelassen! Die allermeisten dieser Aussagen waren für mich schlicht unverständlich. Das Einzige, was mir klar wurde, ist, daß der Heilige Geist tatsächlich der Gott der Christen ist, genauer gesagt: eine Seite oder ein Aspekt, vielleicht auch einfach eine Manifestation dieses Gottes unter anderen. Aber diese Seite ist beinahe zur selbständig handelnden Person geworden. Was aber da im Einzelnen gesagt bzw. (meist) gebetet wird, ist reines Insider-Wissen. Ein paar Muster: Durch ihn, den Heiligen Geist, lebt das Wort des Herrn ewig fort. Er treibt die List des Feindes (wer ist das?) fort. Er läßt uns die Inbrunst der Liebe empfinden. Er stärkt des Fleisches Mattigkeit (was ist das?). Er weckt uns am Jüngsten Tag (wann?). Er öffnet der Welt die Herzen (hat die Welt ein Herz?) . . . Ob wohl Heidi das alles versteht? Ich bezweifle es ernsthaft.

Wer spricht von diesem Geist?

Von einem bestimmten Augenblick an achtete ich auch auf die Namen der Autoren und die Jahreszahlen, die unter jedem Lied getreulich angegeben sind. Das beginnt im 13. Jahrhundert. Der einzige Name, den ich kannte, war Martin Luther. Alle anderen sind mir unbekannt. Und merkwürdig: Diese Gedichte sind alle sehr alt, zum größeren Teil uralt. Deshalb wohl diese schwer bis nicht verständliche Sprache. Insidersprache — ich fand hinten in dem Buch ein Verzeichnis der Liederdichter: Von den zehn Verfassern, die im Abschnitt »Pfingsten« vorkommen, sind sieben Pfarrer oder Theologen gewesen; nur einer war Jurist, einer Lehrer und ein einziger Kaufmann und später Bandweber. Ausgerechnet von diesem, der nicht schon von Berufs wegen ein Insider war, stammt die schöne Formulierung »du Atem aus der ewgen Stille«!

Ich komme zu meinem Ausgangspunkt zurück. Ich wollte ja wissen, was »Pfingsten« ist. Ob man sagen darf, es sei für die Christen das Fest des Heiligen Geistes? Dabei ist mir allerdings schleierhaft, wie man so etwas feiern soll.

Ausflugswetter — Sturm, Wind, Hauch

Auch die Lieder, in denen das Wort »Pfingsten« immerhin vorkommt, helfen mir nicht sehr viel weiter. Mit einem davon scheint es eine besondere Bewandtnis zu haben. Erde und Himmel werden da zum Jubeln aufgerufen wegen Wundern, die Gott an einem trostlosen kleinen Häuflein vollbracht habe, das um den Geist betete. Der sei dann »mit Feuersglut« und mit »starkem Sturmestoben« gekommen und hätte »das Haus« bzw. den »Saal« erfüllt, man hätte »zerteilte Zungen« (von diesem Feuer?) gesehen, und dann hätten alle den Herrn gelobt. Offenbar handelt es sich dabei um ein bekanntes historisches Ereignis. Denn nun heißt es in einer Strophe: »Ach Herr, nun gib, daß uns auch find in Fried und Flehn dein selger Wind«. Was in der ersten Strophe »Sturmestoben« hieß, wird in der Wiederholung nur noch in abgeschwächter Form erwartet. Aber immerhin: es soll dasselbe noch einmal geschehen. Wenn so etwas hinter dem Fest stünde, würde man einige der Bezeichnungen des Heiligen Geistes, die mit Feuer und Glut, Wind und Hauch zu tun haben, besser verstehen.

Aber nun Schluß für heute! Ich muß noch einiges einkaufen gehen, ehe die Geschäfte schließen, sonst gibt es morgen nichts zu essen.

Noch ein Gesangbuch

Nun bin ich auf dem Heimweg bei der Kirche vorbeigekommen, deren Glocken uns jeden Tag um 7 Uhr wecken. Die Kirche war offen. Eine Frau war damit beschäftigt, aufzuräumen, zu kehren usw. Wahrscheinlich war da eine Trauung gewesen, denn es war alles voller Blumen wie bei unserer Trauung. Als die Frau nicht hersah, steckte ich rasch so ein Gesangbuch in die Tasche und verschwand. Heidi könnte ja an einem späteren Sonntag hier in die Kirche gehen und es zurückbringen.

Es war tatsächlich ein anderes Gesangbuch. »Pfingsten« geht hier von 97 bis 108, also nur zwölf Pfingstlieder. Aber nur neun davon sind dieselben wie in dem Schweizer Buch.

Maien, Blumen und — Opfer

Seltsame Dinge werden da in einem Lied ausgesagt, das von Anfang an ebensoviele Fragen aufwirft, wie es Zeilen füllt: »Schmückt das Fest mit Maien«. Heidi sagte neulich, als wir an einem Maibaum vorbeikamen, es gäbe in der Schweiz Gegenden, wo ein Maien ein Blumenstrauß sei. Ob so etwas gemeint ist? »Lasset Blumen streuen«: Ist das ein Pfingstbrauch? »Zündet Opfer an«: Davon habe ich noch nie gehört, daß bei den Christen geopfert wird. So viel ich weiß, gibt es in den Kirchen so etwas wie Altäre. Aber wohl doch nicht zum Opfern. »Denn der Geist der Gnaden hat sich eingeladen«: Soll das heißen, er habe sich angemeldet wie zu einem Besuch? Es sind schon merkwürdige Sachen, die die Christen da singen (müssen?).

Ein Gesangbuch der anderen von unterwegs

Heute früh hatte ich eine Idee: Da gibt es doch noch die anderen Christen, die sie »Katholiken« nennen. Ob die auch so ein Gesangbuch haben? In unserer Stadt wird es ja wohl auch so eine Kirche geben. Es war mir auch so, als hätte ich unweit jener Kirche von gestern noch einen zweiten Kirchturm gesehen. Und richtig: Ich kam eben hin, wie die Leute hineinströmten. Mehr aus Neugierde und weil ich an diesem Sonntag allein war, ließ ich mich von dem Strom mitnehmen und betrat diesen Raum, der eigentlich nicht auffallend anders aussah als der von gestern. Beim Eingang hatte man mir ein Buch in die Hand gedrückt, und da konnte ich mich vergewissern, daß ich am gewünschten Ort war: »Gotteslob. Katholisches Gebet- und Gesangbuch« stand auf dem ersten Blatt. Ich fing an, in dem Buch zu blättern. Hier in der hintersten Bank konnte ich ja niemanden stören. Ich hatte eben im Inhaltsverzeichnis vorne im Buch gefunden, daß die Lieder und Gesänge zu Pfingsten bei Nummer 240 beginnen, als die Glocken aussetzten und ein Mann in langem weißen Gewand an ein Rednerpult trat und sagte: »Der Herr sei mit euch!« Alle antworteten: »Und mit deinem Geist!« So begrüßt man sich hier offenbar. Dann sagte er ungefähr: »Liebe Schwestern und Brüder. Wir treten heute in die letzte Woche der Osterzeit ein und wollen uns mit den Jüngern und Maria betend auf den fünfzigsten Tag nach Ostern — Pentekoste-Pfingsten heißt: der Fünfzigste — bereiten. Uns soll in dieser Woche der Satz begleiten, der in der Apostelgeschichte in Kapitel 1, Vers 14 steht: ‚Sie alle verharrten dort einmütig im Gebet, zusammen mit Frauen und mit Maria, der Mutter Jesu, und mit seinen Brüdern.‘ Der Herr segne uns allen diesen Gottesdienst.« Und dann setzte die Orgel ein. Derweilen notierte ich mir schnell hinten in das Gesangbuch mit Bleistift »Apostelgeschichte 1,14«. Das Meiste in diesem Gottesdienst blieb mir unverständlich. Doch dann und wann blitzte in meinem Gedächtnis einer der Sätze auf, die ich da in den Gesangbüchern gelesen hatte.

Gegen Ende des Gottesdienstes gingen die meisten nach vorne und bekamen etwas zu essen und aus einem Kelch zu trinken. Daheim kam mir in den Sinn, daß das wohl dieses »Liebesmahl« sein wird, von dem es in einem Lied heißt: »Bei seinem Liebesmahl willst du zugegen sein.« Das Gesangbuch habe ich auch in diesem Fall »ausgeliehen«? Und zu Hause setzte ich mich gleich darüber. »Pfingsten — Heiliger Geist« steht da vor Nr. 239 als Überschrift. Aber ich staunte: Unter 239 stand da nicht gleich ein Lied, sondern eine kurze Einführung. Hätte ich so etwas in den anderen Gesangbüchern lesen können, so wäre mir manches von Anfang an klarer gewesen. Alles sicher nicht, aber einiges.

... und fünf Lieder einer Frau

Auch hier gibt es zwölf Pfingstlieder, zwei davon sogar lateinisch. Aber was weiter auffällt: Hier gibt es bei den Verfassern auch solche aus unserem Jahrhundert. Ich zähle deren fünf. Und — was Heidi besonders freuen müßte, da sie doch so großen Wert legt auf den Beitrag der Frauen zu unserer Kultur, auch in der Kirche —: Unter den Dichtern ist hier auch eine Frau. Sie heißt Maria Luise Thurmair. Gleich fünf mal finde ich in diesem Abschnitt ihren Namen. Wer sie ist, erfährt man leider nicht.

Und in der Bibel — kein Pfingsten?

In einem Punkt freilich läßt mich auch dieses Buch im Stich. Ob und wo man in der Bibel etwas von Pfingsten erfahren könnte, wird auch hier nicht verraten. Sollte am Ende dieses Fest in der Bibel überhaupt nicht verankert sein? Die Einleitung im Gottesdienst heute früh läßt mich immer noch hoffen. Was hatte ich mir doch notiert? Apostelgeschichte 1,14! Wie mag in diesem dicken Buch so etwas zu finden sein? Richtig: Eine Apostelgeschichte gibt es im Inhaltsverzeichnis. Und da steht auch gleich schon über dem ersten Abschnitt: »Christi Himmelfahrt«, und zwei Seiten weiter: »Das Pfingstwunder«. Ich lese gespannt. Tatsächlich: Was ich aus jenem Lied mit dem Jauchzen zu Beginn mühsam herauszudestillieren versucht hatte, steht alles in klaren Worten da. Bis hin zu dem Spott: »Sie sind voll von süßem Wein!« Und nach einer langen und schwer verständlichen Predigt kommt auch das mit der Taufe und der Vergebung der Sünden noch. Und zuletzt steht da auch noch etwas von »Brotbrechen«, was wieder mit dem »Liebesmahl« zu tun haben könnte, und vom Gebet. Hier wird nun für eine Weile das Buchzeichen eingelegt.

Pfingstausflug — Wohin?

Wenn nun Heidi heimkommt, werde ich ihr sagen: Für unseren Pfingstausflug habe ich erst *eine* Idee, aber eine wichtige: Wir richten den Ausflug so ein, daß wir an Pfingsten irgendwo einen Gottesdienst besuchen können. Ich bin nun geradezu »gwundrig« (würde Heidi in ihrem Dialekt sagen), was da los ist. Aber Heidi muß dann — sie als Insiderin wird das wohl dürfen — vorher bei dem dortigen Pastor oder Pfarrer anrufen, damit er weiß, daß einer da sein wird, der viel von ihm erwartet und nur ganz minimale Voraussetzungen mitbringt.

Ich glaube, der Heilige Geist hat schon ein ganz klein wenig angefangen, bei mir einzuziehen.

Ein Brief des Propheten Joel — Wer antwortet?

Der Prophet Joel schreibt an den Verantwortlichen für die Pfingstgeschichte (Apg 2,1—40).

Sehr geehrter Herr Doktor Lukas,
da ich seit etlichen Jahrhunderten die Ehre habe, mit Ihnen im sel-
ben Buch zu erscheinen, und weil ich das Gefühl habe, Ihnen meinen Ärger über Sie lange genug verheimlicht zu haben, schreibe ich
Ihnen endlich diesen Brief. Sollten Sie sich über diesen »Joel-Brief«
ärgern, so ist das durchaus in meinem Sinn. Ich bedaure nichts.

Im Grunde genommen finde ich es ja schön, wenn auch ein Arzt
einmal fromm wird, nur: ein frommer Mediziner ist eben ein *frommer* Mediziner — und noch lange kein Theologe! Aber das wollen
sie wahrscheinlich nicht wahrhaben. Zugegeben, Sie haben ein
beachtenswertes Evangelium hinterlassen, aber bei Ihrer sogenann-
ten Apostelgeschichte ist Ihnen dann wohl schon die »fromme
Luft« ausgegangen, von der theologischen ganz zu schweigen. Aber
typischer Arzt, der Sie sind, hat Sie das kaum gestört. Schließlich
sind Sie ja berufsmäßig gewohnt, die auf Sie Angewiesenen als Un-
mündige zu behandeln. Aber verwechseln Sie Ihre Leser nicht mit
Ihren Patienten, Herr Doktor Lukas! Ihre Leser sind gerne gläubig,
leichtgläubig aber ganz bestimmt nicht. Denen genügt es eben
nicht, nur bei Ihnen zu lesen, was der alte Joel geschrieben hat, die
lesen das lieber bei mir selber nach — und kommen aus dem Staunen
gar nicht heraus — über Ihre theologisch-exegetischen Tolldreistig-
keiten.

Oder meinen Sie vielleicht, das »Phänomen« heiliger Geist be-
rechtigt Sie, wie ein »exegetisches Wildschwein« die Gottesworte
aufzufressen, die ich erlebt und erlitten habe?

Ja, ich weiß, in der Einleitung Ihrer Apostelgeschichte reden Sie
sich gleich auf Ihr Quellenmaterial aus. Ihrem Freund Theophilus
wollten Sie damit Zuverlässigkeit vortäuschen. So ganz nebenbei
haben Sie dann die meisten großen Reden in Ihrem Buch selbst
geschrieben und erfahrungsgemäß auf den Placebo — Effekt gehofft. Was nun Ihre Pfingstgeschichte betrifft, so ist sie zweifellos
ein Tiefpunkt in Ihrem »frommen Werk«. Ich habe mich immer

schon darüber gewundert, wie hilflos-langweilig Sie hier über ein ekstatisches Ereignis erzählen. Und die Rede, die Sie ihren »Kollegen« Petrus halten lassen — mit der hätte er wahrscheinlich nicht einmal Ihre pensionierten Kollegen zur Taufe überreden können. Aber wie wollen sie denn! Als nüchterner Mediziner kennen sie die Ekstase höchstens aus dem »Quellenstudium« und natürlich aus Ihrer Praxis. Und da haben Sie jetzt Ihre Schwierigkeiten. Auf Ihre ärztlichen Erfahrungen können Sie nicht zurückgreifen, sonst hält man die »Pfingstapostel« womöglich noch für »Übergeschnappte«. Sie haben ja schon genug Zorres damit, daß man diese Männer für betrunken gehalten hat. Also bieten sie eine saubere, gesunde, göttlich-heiligengeistlich hervorgerufene Ekstase und nehmen ihr jeglichen »Schrecken«, indem Sie Ihren Lesern verraten, daß diese Ekstase schon vor Jahrhunderten vorausgesagt worden ist. Und zu diesem Zweck vergewaltigen Sie einen Text von mir! Aber vielleicht sind Sie nur halbschuld daran, wo doch Exegeten des 20. Jahrhunderts ausdrücklich darauf hinweisen, daß diese Petrusrede einmal ausnahmsweise nicht von Ihnen stammt, sondern wirklich auf Petrus zurückgehen soll. So unkritisch gehen Sie mit den Quellen um, Herr Doktor. Oder hat es Ihnen vielleicht sogar Freude gemacht, den naiv-spießigen Zug in der Rede des Petrus nicht zu verheimlichen?

Aber wie auch immer — jetzt steht es in Ihrer Geschichte, und sie tragen die Verantwortung. Und darum sage ich Ihnen auf diesem Weg: So nicht, Herr Doktor Lukas! Nehmen Sie, bitte, endlich zur Kenntnis, daß ich Ihr Pfingsten nicht vorausgesagt habe. Eine sorgfältige Lektüre meines Buches wird Ihnen das jederzeit beweisen. Wenn nicht, dann mögen Sie die Heuschrecken belehren! Auch habe ich nicht ein Volk von »Pfingstlern« erwartet, wohl aber wollte ich »meinen jüdischen Brüdern und Schwestern« sagen, daß Sie Jahwe-Gott in ihren Träumen und Visionen erkennen können. Gott gibt seinen Geist meinem Volk und will ihm Mut für die Zukunft, auch für den Tag des Gerichts machen, der unter apokalyptischen Schrecken kommen wird. Das mußte ich meinen Landsleuten im Auftrag Gottes sagen, weil sie Jahwe immer leichter in der traditionell zugänglichen und gottesdienstlich aufgearbeiteten und gestalteten Vergangenheit gefunden haben als in einer ungewissen Zukunft. Ich tröste mein Volk im Blick auf die kommende Endzeit, aber Sie, Herr Doktor Lukas, mißbrauchen meine Worte für das »Gründungsereignis« Ihrer »Kirche«. Und diese Kirche hat sich nicht damit begnügt, prophetische Texte zu vergewaltigen, so wie Sie das gemacht haben; diese Kirche hat den größten Teil der Bibel sehr bald als »altes« Testament »bezeichnet« und die Botschaft der Väter und Propheten zuerst verdrängt und dann die Bekenner dieser Botschaft blutig verfolgt. Das haben Sie natürlich nicht gewollt, Herr Doktor, denn Sie haben ja immer nur ihre fromme Pflicht erfüllt. Und wenn sogar Alttestamentler in Ihrer Manier die „Endlösung der Judenfrage" — im »geistlichen« Sinn nur, versteht sich! — betreiben, dann sind Sie natürlich erst recht nicht schuld. Jahwe hat Ihnen wohl einen »Lügengeist« eingegeben und nicht seinen »seligen Wind«.

Übrigens hätte es mich gefreut, wenn Sie das sozialrevolutionäre Element in meinem Text herausgearbeitet hätten. Sie haben ja sonst auch einen touch in dieser Richtung. Aber hier waren Sie zur Abwechslung wieder einmal zimperlich — so wie Ihre Übersetzer, die »zufälligerweise« immer mit: »auch über die Knechte und Mägde« übersetzen statt: »auch über die Sklaven und Sklavinnen«. Da konnte eine etablierte und saturierte Kirche nur zufrieden sein, denn merke: Der Geist weht gefälligst dort, wo es die Kirche will; und Pfingsten »feiert« man in Ruhe und Ordnung; und die Änderung der sozialen Verhältnisse überläßt man den Politikern und der Gewerkschaft, denn »in Christus« sind ja alle die bösen Gegensätze zwischen den Menschen längst aufgehoben.

Manchmal habe ich das Gefühl, mein Buch ist Räubern in die Hände gefallen — aber weit und breit ist kein barmherziger Samariter zu sehen, um es einmal »lukanisch« zu sagen.

Ihr
Joel ben Petuel

Wer antwortet?

Die Antwort könnte
in einer Bibelrunde erarbeitet,
als pfingstliche Hausaufgabe gestellt werden
oder
die Gestalt einer Predigt bekommen.
In jedem Fall sollte der Stil beachtet werden:
Ein großer Keil auf einen groben Klotz?
Oder
liebevolles Werben um einen zornigen Aufrechten?

Wird Joel klagen
oder einen Dankesbrief senden?

Nach Pfingsten

Kyrie — Rufe

Wir haben gehört,
du habest
durch deinen Geist
die Welt
belebt.
Welche Welt,
Herr?
Erbarme dich unser!

*

Jesus
wird uns fremd;
dein Geist
verweht,
Herr.
Erbarme dich unser!

*

Wes Geistes Kinder
sind wir,
Herr?
Erbarme dich unser!

*

Auf uns
ist deine Kirche angewiesen,
auf uns,
Herr.
Erbarme dich unser!

Diese Kirche — Andachten

Bekennen

Ich wünsche Ihnen
einen guten Tag.
Und dazu wünsche ich Ihnen,
daß Sie
aufatmend
und aus tiefem Herzen
einmal »Ja« sagen können.
Ich meine nicht das schnelle »Ja!«
auf eine schnelle Frage.
Nein — ich wünsche Ihnen,
daß Ihnen ein Mensch begegnet,
der mit Ihnen redet;
ich wünsche Ihnen,
daß sie einen Brief lesen;
und ich wünsche Ihnen,
daß Sie dann
von dem,
was Sie hören und lesen,
bewegt sind.
Und ich meine nicht nur,
daß Sie betroffen sind,
weil Sie
etwas interessiert,
oder weil Sie
etwas wiedererkennen,
was Sie früher gelernt haben.
Nein — ich möchte,
daß Sie heute strahlen
und den Eindruck kriegen,
noch nie gehört zu haben,
was Sie da hören.
Ich wünsche Ihnen,
daß Sie staunen:
»Das tut mir gut!

Das war's,
worauf ich gewartet hatte bisher!«
Wenn einem
durch ein gutes Wort,
durch eine Geschichte,
durch die guten Augen eines Menschen
ein Stein vom Herzen fällt,
dann wird er geheilt.
Und das wünsche ich Ihnen.
Und ich füge hinzu:
Nichts anderes
und nichts weniger
war es,
als Menschen anfingen,
an Jesus von Nazareth zu glauben.
Sie hatten das,
was ich Ihnen wünsche,
mit ihm erlebt.
Und sie haben dann
die erstaunlichsten Worte gefunden für den,
der sie so geheilt hatte.
Und sie sind nicht allein geblieben
mit ihrem Wunder.
Sie haben sich gefunden
mit anderen Aufatmenden
und haben so
die Kirche Christi gebaut.

Herr,
gib unseren Antworten
die Gnade
zu staunen,
daß wir
deine Kirche beleben
im Geist Jesu Christi.

Loben

Ich lobe den Tag.
Ich lobe die Sonne.
Ich lobe die Farben
und ich lobe die Töne.
Sie lassen mein Leben
strahlen und klingen.
Ich lobe die Gesichter.
Sie geben mir
Geschwister des Lachens
und Gefährten im Weinen.
Ich lobe die Freude von gestern.
Sie macht mir heute
den Morgen schön.
Und
ich lobe mein Leid.
Es lehrt mich,
zu danken an guten Tagen,
und an bösen Tagen
mich denen anzuvertrauen,
die mir helfen.
Ich lobe den neuen Tag,
den ich noch nicht kenne.
Und die Nacht,
die mir Ruhe geschenkt hat,
schließe ich ein in das Lob.
Und
was ich nicht loben kann,
was mir die Stimme verschlägt
— ich selber bin's oft,
    meine Fehler,
    meine offene Schuld —,
das berge ich
in das Lob dessen,
der mir gütig vergibt.
Ich lobe meinen Gott.

Und wenn ich auch
niemanden neben mir höre,
der einstimmt in mein Lob —
ich weiß,
es ist die Kirche Christi,
in der dieses Lob lebt.
Und wie sie
möchte ich
andere anstecken mit meinen Tönen.
Der tödlichen Töne
gibt es genug,
Töne des Leids
und der Klage,
Töne des Hochmuts
und des Neids.
Ich
beginne den Tag
mit dem Lob des Lebens.
Ich beginne den Tag
mit Vergnügen.
Denn ich lobe meinen Gott.
Und damit stehe ich
in einem Chor
vieler Stimmen,
vieler Sprachen,
im Chor der einen Kirche Christi.

Herr,
gib unserem Geist
die Gnade,
das Leben zu loben,
daß wir
deine Kirche beleben
im Geist Jesu Christi.

Einladen

Es ist nicht lange her,
da haben wir uns gefürchtet
vor einem Krieg dort,
wo sonst Gastfreundschaft gilt.
Es ist ein Gesetz der Nomaden,
daß der,
der mit mir aß,
mein Freund ist.
Darum lebt
im Dichter des Alten Testaments
ein Schrecken vor dem,
der mit ihm das Brot bricht,
ihn aber später verrät.
Dort,
wo dieses Gesetz gilt —
Krieg.
Krieg?
Rache?
Unversöhnlichkeit?
Es ist entsetzlich —
Menschen,
die sich zusammensetzen könnten,
setzen sich auseinander.
Immer
ist das entsetzlich;
aber vor allem dort,
wo es anders zu erwarten wäre.
Auch in der Kirche.
Sie hat
im Lauf ihrer Geschichte
viel Dunkles dazu beigetragen,
daß Menschen sich entsetzen.
Ihre erste Aufgabe aber ist es
— im Bild gesprochen und buchstäblich —,
den Tisch zu decken.

Sie hat es nicht immer getan.
Und oft
ist der Tisch Christi
gerade der Tisch gewesen,
von dem andere ausgeschlossen wurden.
Das ist eine böse Geschichte.
Aber
ich stelle mir eine Welt vor,
in der es die Kirche
mit dem Auftrag,
den Tisch zu decken,
nicht gibt.
Ich will sie mir nicht vorstellen.
Denn die Kirche ist
— trotz ihrer Schuld —
immer eine Hoffnung gewesen.
Zu wissen,
daß da Menschen sind,
die den Tisch decken sollen für andere
im Geist ihres Bruders Jesus,
ist dieses Lebens wert.
Unter ihnen gilt
nicht Radikalität,
nicht die Verbissenheit der Lehre.
Unter ihnen gilt
eine Einladung.
Und das ist ein Lichtblick.

Herr,
gib unseren Händen
die Gnade,
den Tisch zu decken
für Müde,
daß wir
deine Kirche beleben
im Geist Jesu Christi.

Hören

Wenn die Arbeit beginnt,
beginnt auch das Gerede.
Und die Zahl der Wörter,
die wir
nicht mehr hören können,
nimmt entsetzlich zu.
Zu viel auch
haben wir selber im Kopf.
Man möchte sich die Ohren zuhalten.
Ich fürchte,
in einer Zeit wie dieser
wäre die christliche Kirche nicht entstanden.
Denn in der Kirche
haben sich Menschen gefunden,
die zuhören.
Ich weiß —
Christen
und ihre Kirche
tun oft so,
als wüßten sie alles besser
und hätten auf alles eine Antwort.
Aber
ihre unverfälschte Art ist es
zu hören.
Und ich möchte ihnen zurufen:
Hört wieder!
Jetzt sage ich's Ihnen:
Hören Sie hin
auf das,
was hörbar wird heute,
auf Grüße,
auf beiläufige Reden,
auf die, die bitten,
auf die, die warnen,
auf die, die Sie loben.

Sie werden
viel Unsinn zu hören kriegen.
Und Enttäuschungen werden nicht fehlen.
Aber
es könnte unter all dem,
was Sie hören,
das sein,
was Sie einen Schritt weiterbringt,
was Sie führt,
was Sie verändert,
was Ihnen eine Tür auftut.
Und ich sage Ihnen:
so
könnte Ihnen
der Gott,
den die Kirche Christi bekennt,
begegnen.
So.
Heute.

Herr,
gib unseren Ohren
die Gnade,
ein gutes Wort
zu hören,
daß wir
deine Kirche beleben
im Geist Jesu Christi.

Reden

Einen gesegneten Tag
wünsche ich Ihnen.
Sagen Sie bitte nicht:
»Ach,
da redet schon wieder einer!«
Ich könnte es verstehen.
Man wird der Worte überdrüssig.
Und mit unserer Sprache
wird Schindluder getrieben.
Aber
das darf doch den Gruß nicht verwehren.
Wie sollte denn sonst
Segen kommen
in den Lärm eines Tages.
Ich habe
— zum Beispiel —
niemals in meinem Leben
betteln müssen.
Ich habe zwar erlebt,
wie wertvoll ein einziges Stück Brot
oder ein
vom Lastwagen auf die Straße gerollter
Kohlkopf waren.
Aber betteln mußte ich nie.
Es wäre mir jedoch nie eingefallen
zu meinen,
es sollte niemand
einem anderen sagen,
wo es Brot gibt
oder einen Teller warmer Suppe.
Ich darf mir doch nicht ausreden lassen,
einem anderen etwas zu sagen,
was gut tut.
Und wenn im Lauf der Geschichte
auch Verführer

viele Menschen
durch ihre Reden
auf böse Gedanken gebracht haben;
wenn auch immer wieder
gute Worte mißbraucht wurden
zu hinterhältigen Schmeicheleien —
ich darf doch
— wenn ich ein Mensch bleiben will —
das Wort nicht verschweigen,
das
wie eine streichelnde Hand
oder wie offene Arme
guttut und heilt.
Und das zu sagen,
ist der Kirche Christi aufgetragen.
Sie darf nicht aufhören
zu reden.
Ihr Wort
ist der Segensgruß
an die Welt.
Und in diesem Geist
wünsche ich Ihnen
einen gesegneten Tag.

Herr,
gib unseren Stimmen
die Gnade
zu segnen,
daß wir
deine Kirche beleben
im Geist Jesu Christi.

Befrieden

Soll ich Sie heute
an Hexenverbrennungen
erinnern,
an Ketzerkriege?
Ich werde Sie dadurch
als freundliche Zuhörer
kaum gewinnen.
Vernichtende Urteile
über Menschen,
die anders sind
und anders denken
als die meisten,
sind uns zuwider.
Aber sie sind uns nicht fremd.
Und es bedrückt mich meine Erfahrung,
daß es
in der christlichen Kirche
einer,
der schuldig geworden ist
oder sonderbar,
besonders schwer hat,
Fuß zu fassen
und geborgen zu sein.
Es fiele nicht schwer,
aus diesem Grund
unfreundliche,
aber gerechte Gedanken
über die Kirche zu schüren.
Ich sage dies offen.
Denn ich weiß,
daß es unter Christen
so nicht sein sollte;
daß es vor allem unter Christen
so nicht sein muß,
weil unter ihnen Christi Geist lebt.

Und das
ist allemal ein Lichtblick.
Es wäre ja
ein Zeichen der Macht,
sich über andere zu erheben.
Und Mächtige sind dunkel.
Ist es auch manchmal notwendig.
Macht auszuüben
und jemanden
bei seiner Schuld zu behaften
— manchmal
    und auch in der Kirche —,
so gibt es doch unter uns
Menschen,
die miteinander umgehen
in einem anderen Geist als dem,
der an Stammtischen herrscht
oder beim Lesen der Zeitung.
Und deren Art ist,
zu verzeihen
und ein Ende zu machen
mit dem,
was sonst fortdauert
im Ärger des Unfriedens.
Und sie
sind die Heiligen unter uns.

Herr,
gib unseren Urteilen
die Gnade,
Frieden zu stiften,
daß wir
deine Kirche beleben
im Geist Jesu Christi.

Feiern

Vor einiger Zeit
trafen sich zwei.
Und der eine
sagte zum anderen:
»Sag,
warum kommst du nie
zu einem Gottesdienst?«
Und der andere sagte:
»Ach geh,
die Kirche!
Wozu brauch ich die!«
Und der eine:
»Hast du dir nie überlegt,
wieviel Geld
du durch die Kirche verdienst?«
Ich war verblüfft.
Und auf mein erstauntes Gesicht
sagte der,
der's mir erzählte:
»Ja,
ich mußte dem doch klarmachen,
daß er
viele Feiertage,
für die er bezahlt kriegt,
der Kirche verdankt.«
Ich konnte nicht widersprechen.
Die Feiertage
— die wöchentlichen
und die jährlichen —
sind bei uns
ein besonderes Anliegen der Kirche.
Und ich scheue mich nicht
zu sagen:
Die Feiertage
liegen unserem Gott am Herzen.

Und wenn es
— im Lauf der Geschichte —
auch oft anders aussah,
dieses Anliegen
eignet sich gar nicht,
starr und gesetzlich durchgesetzt zu werden.
Denn
die Feiertage der Bibel
sind nur dazu da,
daß der Mensch aufatmet.
Und
— ich erinnere daran —
es ist
— trotz aller Kalenderreformen —
eine Frucht des Heiligen Geistes,
daß die Woche
mit einem Feiertag beginnt,
mit dem Sonntag,
der die Auferstehung Jesu feiert.
Der Überwindung des Todes zu gedenken
und aufzuatmen,
damit
fängt es an.

Herr,
gib uns
die Gnade
zu ruhen,
wenn es Zeit ist,
daß wir
deine Kirche beleben
im Geist Jesu Christi.

Predigten

Apostelgeschichte 2,37—42
Bleiben

Sie blieben . . . . . .
Warum?
Was vorausgeht, kennen Sie.
Kennen Sie's?
Voraus geht eine Predigt.

Eine Predigt
Bis es dahin kommt —
Gespräche mit Freunden,
Fragen,
Zweifel
und das entsetzliche Schweigen der Gedanken;
irren,
zürnen,
die falschen Worte, die alles verderben,
und das Erlebnis,
daß alles vergeblich und verloren ist.
Und dann
der plötzlich lebendige Eindruck des Freundes,
der schon gar nichts mehr sagte
und plötzlich glaubwürdig lebendig ist.
Dann die Gewißheit,
nur in seinem Geist ist es gut,
ist's heilsam zu hoffen und zu reden.

Und dann nichts
Und dann Worte,
nur Worte,
persönliche
und eigenwillige Worte,
sehr menschliche Worte.

Ungeschickte und gekonnte,
gezitterte und überlegte Worte;
verteidigend und angreifend,
erinnert und unerhört;
Worte eines Petrus
— oder wie immer der heißt, der so redet —.
Sie machen die Predigt.
und es passiert — nichts.

Nichts — und kein Mittel dagegen

Nichts?
Ach — ich bin kein Lukas.
Ich kann nicht erzählen von spontanen Taufen
oder von erschütternden Veränderungen der
Menschen,
nichts von Begeisterung nach einer Predigt.
Ich sehe Gewöhnung überall,
den ereignislosen Stil einer Kirche,
viel Fleiß,
wenig Ausstrahlung
und selten eine Krönung.
Ich weiß —
die Erwartung,
in Jesu Geist etwas Bewegendes zu hören,
ist nicht groß unter uns.
Und ich erfahre
— betroffen und manchmal zornig —,
daß in unserer Kirche immer entschiedener
Gruppen laut werden,
die Jesu Geist so wirken lassen
— wie sie verbissen meinen —,
daß Menschen erst einmal
zu Sündern erklärt,
zu Nachbetern der Demut gemacht werden,
bevor man sie achtet.
Viel Methode,
aber keine Heilung.

Dann passiert etwas.
Wenn's nicht passiert,
gerät die Gemeinde in ein geistloses Licht,
und empfindsame Menschen von hier
mit zaghaftem Glauben und vielen Fragen,
mit kargen Gebeten
und einem zaghaften Temperament,
finden sich im Eck der minderen Christen.
Und sie suchen doch ihren Weg
und Gottes Führung dabei;
und sie ehren doch Christus,
Jesus, ihren armen, verstehenden Bruder.
Und ich zähle mich zu ihnen und frage:
»Was sollen wir denn tun,
Brüder und Schwestern?«
Und die Antwort heißt:
»Bleiben . . . .!«
Nicht verschreckt meinen,
es zähle vor Gottes Angesicht nur,
begeistert und eigenartig zu sein,
gekonnt demütig und gut.
Aber der Geist Christi ist denen verheißen,
die Vergebung nötig haben und Stärkung.
Und er zeigte sich —
denen.
Und sie blieben.
Warum?
Weil die Welt sich nicht verändert hat;
weil Angst und Überheblichkeit
hoch im Kurs stehen;
weil's Versagen und Verschlafen allgemein sind;
weil die Ohnmacht so erbärmlich,
und die Macht so verführerisch ist,
und weil sie sich darin gefährdet sehen.
Darum blieben sie.
Wollen Sie bleiben?
Wo?

Hier ...
In sehr menschlichen Worten
wird hier Christus gesucht und ausgesprochen,
wird ihm erinnernd nachgespürt.
Hier wird nicht nur zitiert.
Hier wird die Sprache
von Einfältigen und Weisen und Dichtern,
von Freunden und von Feinden gar
abgehorcht,
ob sie helfen könnte,
Christus und seine Apostel
zu Wort kommen zu lassen
in Tönen,
die man sonst nicht hört in unserer Stadt.
Hier finden am Tisch des Brotbrechens
Leute zusammen,
die sonst nicht miteinander zu sehen wären.
Und hier kümmern sich Menschen umeinander,
die sich eigentlich fremd sind.

Geheimnis Gottes

Sehr menschlich ist dies alles
und manchmal von einem Tag auf den anderen
kaputt;
es gerät immer wieder ans Kreuz.
Und doch hat's einen weiten Horizont der
Verheißung.
Wer darin bleibt,
spürt:
so ist es gut,
so wächst Gottes Reich unter uns.
Bleiben,
den Kreis schließen
und achthaben aufeinander,
das ist das kleine Geheimnis der neuen Welt;
und es ist das menschliche Geheimnis
des Geistes Gottes.
Bleiben —
das ist die Chance der sehnsüchtigen Kirche.

Jeremia 31,31—34
Die Zeiten sind anders geworden

Kam die Zeit?
Wann?
Berichtet die Chronik der Welt darüber?
Nennt sie ein Datum,
von dem an
die Menschheit Gottes Willen im Herzen hatte?
Ist sie seitdem mit Gott im Bunde?
Ich frage nicht als Zuschauer.
Und ich will Sie nicht verleiten,
nur geruhsam Ihren Gedanken nachzuhängen.
Ich frage mich
— und Sie —:
Ist meine
— und Ihre —
Geschichte ein glaubwürdiges Zeichen dafür,
daß wir
eins waren mit unserem Gott?
Lassen Sie einmal Tage und Jahre erwachen,
die vergingen
und zuweilen unverwehrt auftauchen
und belasten
und wehmütig machen
oder glücklich.
Schauen sie zurück
und sehen Sie Ihr Lachen an
und Ihre stille Trauer;
bedenken Sie,
wie vergnügt Sie waren,
wie unbelastet lebenshungrig
und wie müde und angewidert zuweilen;
hören Sie hinein in das,
was Sie gesagt,
was Sie verschwiegen haben:

... aus Gott?
... durch ihn?
... mit ihm?
Und sagen Sie jetzt bitte nicht
aus allgemeiner »Gläubigkeit«,
es geschehe ohne Gottes Willen nichts,
und »es komme alles, wie er's wolle«.
Weichen Sie nicht so unentschieden aus!
»Aus Gott«
und
»mit ihm«
ist doch wohl kaum etwas geschehen,
was wir achselzuckend
mit dem Urteil kommentieren:
»Es ging nicht anders!«
Ich denke,
um »aus Gott« zu urteilen,
müßte es
eindeutiger betroffen heißen:
»Ja,
das war recht!«
oder:
»Schön war's!«
oder:
»Notwendig war's;
es hat mich aufgeweckt!«
also:
»Gut war's!«
Sehen Sie so Ihre Geschichte?
Waren Sie mit Gott im Bunde?
Diese Fragen
führen nicht nur zu einem Urteil darüber,
was passiert ist
in Ihrem Leben bisher
und in der Geschichte
mit den vielen Schritten in das Ungewisse.
Mit Gott im Bunde?
Diese Frage

macht mich auch nachdenklich darüber,
ob denn die Verheißung des Propheten
immer noch nicht erfüllt,
ob sie überhaupt glaubwürdig ist.
Hat nicht die Kirche Christi verkündet,
ihr Herr,
Jesus, der Auferstandene,
habe den neuen Bund geschlossen
mit Gottes Volk,
mit den Getauften,
mit uns also?
Hat sie seit Pfingsten
den Mund zu voll genommen?
Eine Antwort gebe ich entschieden:
Wenn verheißen wurde,
daß die Menschen bekehrt würden,
um künftig gut zueinander zu sein;
wenn verheißen wurde,
daß die Menschen bekehrt würden,
um künftig zu wissen,
was sie tun sollen,
und was Gottes Willen sei,
dann
ist dieser Bund noch nicht geschlossen worden.
Aber —
es wird gesagt,
mit Christus sei alles neu geworden.
Es wird vor allem
beim Abendmahl
gesagt,
es gelten dort,
wo Christus wirke,
der neue Bund,
das neue Testament.
Und die Hartnäckigkeit dieses Bekenntnisses
reizt mich,
seine Begründung neu zu finden.
Und da höre ich

in der Verheißung des Propheten
und in Jesu Worten
etwas aufklingen,
was unerhört barmherzig ist
mit uns Unsicheren.
Es soll nun Schluß sein damit,
daß ein Wissender
den armen Kleinen,
ein bekehrter Frommer
den bösen anderen
belehrt.
Wenn *das* wahr ist,
dann hat das entrüstete Schielen
und das wohlige Verurteilen
keinen Christus hinter sich.
Dann gibt es
einen einenden Geist unter denen,
die sonst gar nicht eins sind.
Denn dann ist dort von Gott bekannt,
daß er
in allem und zuerst barmherzig ist.
»Ich will
ihre Missetat vergeben
und ihrer Sünde nimmermehr gedenken.«
Das sind neue Töne.
Das ist es,
was sich
bei Jesu Abendmahl
wie ein erlösender Fremdkörper einnistet
in die Gemeinde,
in die Stadt,
in diese Welt:
eine Gemeinschaft von Leuten,
die eigentlich keine Ursache haben,
eine Gemeinschaft zu bilden,
weil sie verschieden sind
nach Herkunft und Gedanken.
Sie sind es nicht,

die sich verbinden.
weil sie es gar nicht können
nach ihrer Geschichte
voller Irrwege und Auswege.
Sie sind es nicht,
die sich verbinden,
Christus eint die Uneinen.
Und nun lassen Sie Tage und Jahre erwachen!
Was darin
falsch war und nicht vollkommen —
vergangen ist's,
nicht mehr bedacht,
vergeben!
Nichts daran trennt Sie
jetzt und künftig
von dem,
der barmherzig ist.
Die Zeiten sind anders geworden.
Es kam die Zeit.
Wir sind mit Gott im Bunde,
weil er
von uns nicht läßt.
Und ich glaube —
dies ist der Geist,
der eine evangelische Gemeinde
durchdringt,
nötig macht
und liebenswert.

Damit die Kirche nicht ihr Niveau verliert

Das Wort wird an die müde Gemeinde gerichtet. Heute. Denn die müde Gemeinde kennt — und zeigt ihr Ziel nicht mehr, sie vertut ihren Segen, strahlt friedlose Atmosphäre aus.

Doch ich will ein Mißverständnis ausschließen. Eine müde Gemeinde ist nicht ein ‚Haufen schlechter Leut'. Das Wort wird gerichtet an rechtschaffene, gläubige, religiöse Menschen und zugleich an die müde Gemeinde. Beides kann zugleich zutreffen. Beides trifft zu — hier. Des Apostels Wort macht mir Mut zu sagen, daß hier die bittere Wurzel schon aufwächst. Und würde hier offen geredet, so wäre sogar mit des Apostels Worten von Abtrünnigen die Rede, die die Gemeinde meiden. Aber es wird nicht offen geredet unter uns. Und vor allem meint man, es sei auch jedermanns persönliche Sache, Christ zu sein auf seine Weise und ohne Zeichen dafür in einer Gemeinde.

Dabei kann die Gestalt des Esau eine willkommene Faszination ausüben. Als der sein Erstgeburtsrecht drangab, war's ihm im hungrigen Augenblick nicht wichtig. Und das sei sein Recht gewesen, meinen die Leute. Denn sie nehmen sich ihr Recht ja auch, um selbst und nach ihren Gedanken und allein das zu entscheiden und zu gestalten, was gut ist und fromm . . ., die Leute, die die Gemeinde bilden, menschlich und geistlich lauter Einzelne, Individualisten mit vielen Rechten; sie geben den Ton an, ihren Ton; miteinander gerät ihnen nicht viel; eher geraten sie aneinander; und durch sie wird die Gemeinde müde und vertut ihr Erbe. Denn durch sie verschwindet die pfingstliche Gnade.

Es ist nämlich unter uns das deutlich geworden, was damals den Apostel bewegt hat. Die Atmosphäre in der Gemeinde hat etwas zu tun mit der Gnade, die Christus gewährt, mit dem heiligen Geist Gottes.

Und diese Atmosphäre schaffen Einzelne nicht. Sie wird nur durch Begnadete möglich, durch Geheiligte. Und Geheiligte sind von anderer Art als die, die sich mit ihren eigenen Gedanken begnügen.

Ich las, »Heiligung« hieße, sich der heilenden Kraft des Herrn auszusetzen. Und ich meine, dahinter steckt das ganze Geheimnis einer erwachenden Gemeinde. Denn — sich aussetzen heißt, die Augen und die Ohren und die Hände, die Gedanken und alle Sinne auftun, — auftun! Es ist nämlich nicht wahr, daß irgendeiner in seinen Gedanken und in seinen persönlichen Gefühlen schon an Christus glauben und Christi Wirkung spüren kann. Gedanken und Gefühle und die religiöse Meinung geben die Gnade nicht her und sehen Christi Eigenart nie. Christus ist nicht *da*; er kommt. Er ist nicht bekannt; er begegnet. Wer an ihn glaubt, ist unterwegs, nicht am Ziel; er ist ausgesetzt dem, was er trifft auf dem Weg: Worte, die ihm guttun; Gesten, die ihn annehmen; Zeichen der Gnade, die ihn leiten; Gott in dem allen, der ihn dadurch verändert.

Wer zeigt uns Christus?

Die, die ihn gesehen haben, Apostel, Evangelisten, Zeugen von damals. Gäbe es sie und ihre Überlieferungen nicht, so würde heute keiner von ihm erzählen, zureden, Fürbitte tun.

Wer gewährt uns Gnade?

Der, der uns die Hand gibt, uns anschaut aus Augen, die verstehen; der ein gutes Wort für uns hat; der predigt und Vergebung ausspricht.

Wo ist der Frieden, der friedlich macht?

Hier am Tisch des Abendmahls, an dem die Leute mit ihren Eigenarten und Unarten, nach ihren guten Tagen und nach ihrer unguten Geschichte alle Platz haben und unsereinem Platz machen; hier an dem Tisch, der Menschen vereint, die nicht viel Gemeinsames haben. Es sind nicht wir, es sind andere, die uns aufrichten und ändern und weiterhelfen und uns aufwecken, die uns auch gar nicht selten ihre Worte leihen, weil uns ein Wort der Zuversicht gar nicht gelingt. — Bedenken Sie, wie wohltuend Dichter und Sänger und Beter aus der Geschichte vor uns das zum Ausdruck bringen, was wir nur noch schweigend oder verzagt ahnen. — Es ist ein unaufhörlicher Wechsel von Reden und Hören, von Kommen und Empfangen, von Weinen und Trösten, in dem Christus den Menschen begegnet.

Es ist die phantastische, vielfältige Kirche, die unseren Glauben prägt und erneuert und ihn manchmal auch an unserer Stelle zum Ausdruck bringt.

Eine Gemeinde dieser Kirche wird müde, wenn einer dem anderen nichts mehr sagt; wenn einer vom anderen nichts mehr erwartet. Dann hat sie — lässig geworden — nichts Verlockendes, nichts Charmantes, nichts Entwaffnendes mehr, dann zeigt sie die Gnade nicht an. Und dann geht die bittere Wurzel auf. Das ist die Konsequenz daraus, daß unter uns die persönliche Anschauung, der private Glaube, die »religiöse Liberalität«, der Kult der eigenen Meinung protestantisch gepflegt worden ist. Die kostbare Frische, von anderen zu empfangen und sich weiterbringen zu lassen, hat sich dann verloren in die trübe Gesinnung, nur gelten zu lassen, was — wie es bezeichnender Weise heißt — »auf dem eigenen Mist gewachsen ist«. Da bleibt dann unter all den guten Leuten nichts als zufälliges Einverständnis, als Skepsis und als die Gefahr des bitteren Unfriedens. Da ist dann niemand mehr unterwegs. Da ist jeder am Ziel, jeder schon fertig. Da begegnet Gott niemandem mehr.

Das ist es zu spät geworden für einen Glauben, der aus dem Hören kommt.

Sie hätten mich falsch verstanden, wenn Sie meinten, ich hätte damit aufgerufen: »Seid nett zueinander!« Nein, ich habe gesagt: »Erwartet etwas voneinander!« Ich habe gesagt: »Erwacht wieder für die Kirche!« Denn wir haben uns auf ein zu niedriges Niveau begeben hier, als wir das Leben der Gemeinde bestimmen ließen von den menschlichen Höhen und Tiefen der persönlichen Zustimmung oder Abneigung.

Das Niveau der glaubwürdigen Gemeinde Christi ist höher, ihr Horizont ist weiter.

Die Gemeinde ist nicht eine Ansammlung von Individualisten, solange sie sich gerade noch mögen und sich das sagen lassen, was sie ohnehin wissen und immer schon vertraten. Als Sie — Täufling oder erwachsen — hierher kamen, sind Sie nicht zu einem kleinlichen Haufen gestoßen, sondern zu den Ungezählten vor Gottes Thron; zu den armen aber seligen Unmöglichen und zu den Heiligen; zu den ängstlich Lebenden und zu denen, die vollendet sind; zu den kümmerlichen Verzagten und zu den Engeln; zu denen, die schweigen wie Sie, und zu denen, die weiter und beredter und jubelnder sind.

Es ist der enge Horizont, der die Gemeinde müde macht. Aber dies ist der Horizont, den sich ihre Leute gezogen haben; es ist nicht der wahre Horizont der einen, heiligen, katholischen Kirche. Deren Horizont ist weit!

Was es darin an Hoffnung, an Trost, an Weggeleit gibt! Man muß sich nur umhören, umschauen und — verwandeln lassen...!

Das ist es!

Apostelgeschichte 2,42—47
Kirche und Kirchen danach — eine ökumenische
Predigt

Die großen Wunder,
die Furcht erregen,
sind selten geworden unter denen,
die an Christus glauben.
Wir erwarten sie nicht mehr.

Und die Bereitschaft,
unserer Güter zu teilen,
läßt sich bitten;
und wenn wir geben,
bleiben wir die Starken,
die alles haben.

Und die anderen,
die — wie wir — hineingetauft worden sind
in den Namen des dreifaltigen Gottes
und die unseren Bruder Jesus anrufen wie wir,
bleiben arm,
selbst wenn wir ihrer gedenken.

Die ersten Christen von Jerusalem
beschämen die Kirche von heute.
Der Bericht über sie offenbart unsere Schuld
an denen,
die mit uns teilen würden,
und mit denen wir teilen müßten,
wenn wir sie wahrnähmen
als Schwestern und Brüder
in der Nähe und in der Ferne.

Aber wir übersehen *vielmals,*
mit wem wir verbunden sind.
Wir meinen,
wir müßten mit denen,
die zu uns zählen,
vertraut und einig sein.

Aber wir haben doch alle
eine sehr verschiedenartige Lebensgeschichte,
die Geschichte getrennter Wege.
Und diese Geschichte
hat uns und unsere Ansichten
sehr eigen — artig geprägt.
Wir verstehen uns nicht immer.
Und wir würden uns noch mühsamer verstehen,
wenn wir uns offener sagten,
was wir denken.

Die Vielfalt der Menschen
hat ihre vielfältigen Farben,
und nicht alle Farben ergeben ein Kunstwerk.
So ist's unter Menschen.
So ist's unter den Christen.
So ist es auch unter Pfarrgemeinden und Kirchen.
Alle haben sie
— durch ihre Geschichte —
eine eigene Handschrift.
Und Handschriften sind oft nicht leserlich
für fremde Augen.
Und gemessen an ihnen
haben Christen und Kirchen wenig gemein.

Aber —
wir Christen haben ein anderes Maß für das,
was uns verbindet
trotz aller befremdenden Handschriften und
Farben.

Dieses Maß
haben nicht Theologen und Hierarchien gesetzt,
um ihre gefährdeten Herden zu umzäunen.
Sondern dieses Maß ist uns überliefert
aus der erregenden Zeit
der frühen Kirche von Jerusalem,
mit der unsere gemeinsame Kirchengeschichte
begann.

Und in dieses Maß,
mit dem wir messen,
was uns verbindet,
gehört die Gemeinschaft,
in der wir Christen aufeinander achten,
miteinander teilen,
was wir haben an Gütern und was uns bewegt.

Dieses Maß ist die Art Jesu,
in der er Fremden die Hand gereicht
und Freunden die Wahrheit gesagt,
in der er sich hingegeben hat für die,
die verstört waren und voller Zweifel.

Nach diesem Maß
werden wir wirklich schuldig aneinander,
weil wir uns bis heute
vielfach die Gemeinschaft versagen,
in die wir gestellt worden sind.
Denn wir *sind* eins!

Bedenken Sie,
Christen aus verschiedenen Konfessionen:
auf dieser Erde
— in der Oekumene,
    auf dem »bewohnten Erdkreis« —
öffnen an jedem Tag Menschen ihre Ohren
für die Apostel,
für die Bibel,
für die Predigt daraus.

Sie suchen einen Anstoß durch Jesus,
einen Hinweis von ihm für ihr Leben,
fürs Tun und für die Stille,
fürs Streiten auch und für das Sterben.
Diese Menschen leben
in der römisch-katholischen Kirche,
in der evangelischen,
in der altkatholischen Kirche
und in Kirchen anderer Bekenntnisse.
Sie haben eine unterschiedliche Art
zu reden und zu hören.

Aber sie kommen in ihren Kirchen zusammen,
nicht um sich von irgendeinem abzuwenden,
sondern um sich Jesus zuzuwenden.
Der, den sie suchen, ist einer.
Und dieser eine eint sie alle.

O,
diese Einheit hat gar nichts zu tun
mit dem verwaschenen Gerede
von dem »gleichen Herrgott«,
der niemandem etwas sagt
und von keinem etwas fordert.
Nein,
diese Einheit
liegt beschlossen in dem gemeinsamen Ziel,
um das sie alle beten.

Sie bitten
um Kraft,
um Begleitung,
um Segen;
sie bitten persönlich und miteinander darum,
daß Gottes Reich komme
und sein Wille geschehe —
durch sie
und all dem Wirrwar zum Trotz,

den menschliche und kirchliche Entscheidungen
Tag für Tag schaffen.

Sie beten,
daß Gottes Wille so geschehe,
wie ihn Jesus gezeigt und vermenschlicht hat.
Denn an diesen Jesus glauben sie.
Sie haben nämlich erfahren,
daß der Ungeist in der Welt und in der Kirche
nur in Jesu Geist zu überwinden ist.
Und sie haben für Jesus kein trefflicheres Bild
als das Bild von dem,
der Menschen an seinen Tisch lädt:
Jünger — Zöllner — Fischer,
Sünder — Evangelische — Katholiken,
die Friedsamen und die Streitenden,
die Belasteten und die Lachenden,
die festen und die Zweifler,
die »Basis« und die »von oben«,
sogar den künftigen Verräter.

An Jesu Tisch —
nicht,
weil sie sich kennen oder mögen
oder gar einander brauchen,
sondern
weil Jesus ihre leeren Hände füllt,
darum
reichen sie einander Brot.
 — Und Jesus sagt:
   »Ich bin's, unter euch, mein Leib!«
Und darum
reichen sie einander den Kelch.
 — Und Jesus sagt:
   »Ich bin's, unter euch, der neue Bund mit Gott
   durch meinen Tod!«
An diesem Tisch haben sie sich geachtet erlebt,

ernst genommen
mit ihren Hoffnungen und Ängsten.

Bedenken Sie:
Mit diesem Tisch Jesu hat alles angefangen,
was in der Kirche bis heute
in ihren vielfältigen Formen und Namen
für »Zündstoff« gesorgt hat.
An diesem Tisch wurde alles entzündet,
was Fromme und Frager bewegt
und die Kirche zum Gespräch macht
auf der Erde
und in den Kirchen,
die meinen,
sie seien getrennt,
weil sie ihre Tische
an verschiedenen Orten stehen haben.

Aber
der Gastgeber ist Christus
auf allen Plätzen
und zu allen Zeiten.
Durch ihn sind wir eins.
Und das,
was eins ist,
kann doch gar nichts trennen,
keine Mauer und keine menschliche Bestimmung.

Ich jedenfalls verstehe nicht,
wie unter Christen
irgendetwas höher gewertet werden kann
als die Einladung Jesu.
Wir *sind* durch ihn eins.
Ich glaube an dieses Wunder.
Und ich lerne an diesem Glauben.

Kein Gebot,
kein Amt
kann unsere Gemeinden trennen
vom Amt aller Christen,
Zeuge Jesu Christi zu sein
und Gast an seinem Tisch.
So sei es.

Markus 1,10c
Der Geist wie eine Taube — eine Taufpredigt

Ausgerechnet die Gestalt einer Taube soll er haben, der Heilige Geist? Na ja, jedenfalls hat das Konzil von Konstantinopel im Jahr 536 beschlossen, daß die Taube das offizielle Symbol für den Heiligen Geist sein soll. Viele biblische Gedankenverbindungen sind damit gegeben: Die Taube, die Noah das Ende der Sintflut ankündigt; die Taube in den Felsenklüften (Hld 2,14) ... und eben die Taube, die sich auf Jesus setzt. Der Heilige Geist ist also in ihn »gefahren«, und jetzt beginnt das faszinierende Leben des »Christen« Jesus Christus. Jetzt kann er »in Vollmacht reden«, jetzt kann er Wunder tun, Entscheidendes für alle Menschen anbieten; jetzt begreift er, was es bedeutet, »Gottes Sohn« zu sein. Frech, aber verständlich gesagt: Eine Taube schwebte auf Jesus herab, und seit dieser Zeit hatte Jesus einen »Vogel«.

Er war also in einer Art und Weise verändert, daß man ihn für »verrückt« halten konnte. »Und er ging in ein Haus, und das Volk kam abermals zusammen, so daß sie nicht einmal essen konnten. Als die Seinigen das hörten, gingen sie aus, um sich seiner zu bemächtigen; denn sie sagten: Er ist von Sinnen!« (Mk 3,20).

Was hier so vornehm mit »von Sinnen sein« übersetzt wird, dafür hat der Dialekt eine Menge bunter und bildhafter Ausdrücke. Halten wir aber, bitte, dazu noch fest, daß Jesus da nicht von irgendwelchen Pharisäern und Schriftgelehrten oder anderen bösen Gegnern für verrückt gehalten wird, sondern von der späteren »hl. Maria« und seinen zahlreichen Geschwistern. Maria sagt nicht nur nicht: »Fein, ein Pfarrer in der Familie!«, sondern sie möchte den verrückten Sohn schleunigst aus dem Verkehr ziehen.

Wir fangen an zu ahnen, was es heißt, ein Kind auf den Namen dieses Jesus zu taufen. Denn, was für Jesus zutrifft, das trifft genauso für alle Täuflinge zu. Täuflinge sind »begeisterte« Menschen. Und das fällt auf. Und die anderen sagen dann: »Der hat ‚was‘!« Als ich noch ein junger Pfarrer war, habe ich manchmal bei einem Hausbesuch zu hören bekommen: »Herr Pfarrer, Sie sind doch ein intelligenter Mensch. Warum haben Sie eigentlich nichts anderes studiert?« Und das war durchaus freundlich und anerkennend gemeint. Umso größer war die Verblüffung, wenn ich geantwortet habe: »Ich habe nicht deshalb nicht Jus oder Medizin studiert, weil ich zu blöd dazu bin — ich habe absichtlich Theologie studiert und bin absichtlich Pfarrer geworden.« Da haben die sich wahrscheinlich gedacht: »Wir haben ja gewußt, daß er ,was hat'«.

»Veni creator spiritus!« — »Komm, heiliger Geist!« — beten wir mit den Christen aller Kirchen. Das heißt, wir bitten sogar um diesen Vogel, den »Heiligen-Geist-Vogel«, den göttlichen Inspirationsvogel. Wird Gott unser Gebet um diese Art heilige Verrücktheit erfüllen? In Wien sagt man von jemandem, den man für verrückt hält, gern: »Er hat einen Pecker!« Unter »Pecker« versteht man den verletzenden Schnabelhieb eines Vogels. Und der Heilige Geist als Taube teilt solche »Pecker« aus. Viele Bilder bestätigen den heiligen Schnabelhieb der Geistestaube.

Auch bei Jesus hat dieser Pecker das Besondere, das Faszinierende bewirkt. So kann er von der Nächstenliebe zur Feindesliebe, von der Verantwortung zur Sorglosigkeit der Bergpredigt, von der Klage zur Seligpreisung kommen.

Die kirchliche Tradition kennt viele »Kennzeichen der Kirche« (notae ecclesiae); aber das wichtigste pflegt sie gern zu vergessen: den »Vogel«. Was für eine Kirche, in der man nur den »Pecker« des heiligen Inspirationsvogels Mitglied werden kann!

Kollekten

Apostelgeschichte 2,37—42

Gott,
du überwindest
erbärmliche Ohnmacht
und
verführerische Macht
dort,
wo wir uns finden
am Tisch deines Sohnes.
Wir bitten dich,
halte deine Tür offen,
daß wir
bei dir
achthaben aufeinander
im Heiligen Geist.

Jeremia 31,31—34

Gott,
daß wir
— uneins
        und von Wegen,
        die uns trennen —
miteinander Platz finden
an deinem Tisch
und uns
die Geschichten von gestern
nicht vorgehalten werden,
das ist dein Werk
durch Christus,
um das wir bitten
im Heiligen Geist.

1. Korinther 1,4—9

Gott,
Gnädiger,
was auch immer
die Gemeinde belastet
an Bosheit
und Kleinmut,
bleib du ihr,
bitte,
treu,
denn sie ist
das Zeichen deiner Nähe
durch Jesus,
den Bruder
im Heiligen Geist.

Hebräer 12,12—17.22—24a

Herr,
naher Gott,
begegne uns
in Worten,
die guttun;
in Gesten,
die heilen;
in Zeichen,
die uns leiten,
damit
deine Kirche
aufatme,
und wir
aus der Müdigkeit erwachen
zu einem Leben
im Heiligen Geist.

Gott,
wie Jesus
Fremden
die Hand gereicht
und Freunden
die Wahrheit gesagt hat,
so laß uns
einander begegnen,
im Hören und Teilen
uns finden
und eins werden
wie die Apostel
durch Christus
im Heiligen Geist.

Nachdenklichkeiten

Kirche danach — Aphorismen

Der Geist weht,
wo er will.
Meistens
will er nicht.

*

»Und jeder hörte sie reden.«
So hat's angefangen.
Und so hört alles auf.

*

Riegel vor der Tür,
Brett vor dem Kopf,
den Herrn auf den Lippen —
Kirche des Wortes?

*

Sie scharen sich
um ihren Jesus.
Aber
es geht keine Tür auf.

*

Alles
wirft man der Kirche vor;
niemals aber,
daß sie trunken sei.
Schade.

*

Bevor
du
auf den Heiligen Geist
wartest,
gebrauche deinen!

*

Manche Prediger meinen,
Gebet
und Frömmigkeit
seien so etwas
wie Feuerzeuge des Heiligen Geistes.
Nur —
manchmal funktionieren sie nicht.

*

Wer
alles selber tut,
dem
kann nicht geholfen werden.

*

Mit der Vergebung der Sünde
geht man in Christi Kirche um
nach der Art jener Stadtplaner,
die ein Gefallenen — Ehrenmal entwarfen:
tadellose Uniformen müssen sie tragen;
man darf nicht sehen,
daß sie im Dreck gewesen sind.
Nach dem Dreck
ist niemand einer Ehre wert.

*

»Bange machen gilt!«
Denn daraus läßt sich
das religiöse Kleingeld schlagen.

*

Heimliche Schuld
deckt sie.
Offene Schuld
beredet sie.
Den Beschuldigten
beschuldigt auch sie.
Und wer
sitzt am Tisch des Herrn?
Die Gesellschaft der weißen Westen.
So macht die Kirche
den Glauben
an die Gemeinschaft der Heiligen
müde.

*

Der Gedanke an alle,
die mit uns
zu Tische sitzen werden —
schrecklich!

*

Hat der gut Singen,
der gut Lachen hat?
Dem,
der Gottes Lob singt,
hat es zuvor den Atem verschlagen.

*

Fragst du:
»Wie steht's
um das Evangelium unter uns?«
So frage dich:
»Wie steht es
um mich?«
Und du
kommst der Antwort näher.

*

Vom verlorenen Paradies

Dort,
wo keiner
flüstert
hinter den Verstecken;
dort,
wo keiner
abseits steht,
wenn andere
reden über ihn;
dort,
wo keiner
ohne Zweifel weiß,
was Gott will,
dort
ist es gewesen.

*

Ich höre.
Aber du
hast nichts auf dem Herzen.
Darum höre ich nichts.

*

Zuweilen
sind Orgelpfeifen
die letzte Zuflucht
der Gemeinde,
deren Prediger
aus dem letzten Loch pfeift.

*

Es gibt Gartenzwerge
unter den Liedern der Christen:
sie lächeln,
und ihre Welt
ist gepflegt
— nicht erlebt.

*

Wenn den Prediger
nichts bewegt,
berühren seine Worte niemanden.
Sie kommen von nirgendwoher.

*

Sie wissen,
was sie sagen werden,
zu Gemeinden,
die wissen,
was sie hören werden.
Arm sind sie beide.

*

»Nur keine Beunruhigung!«
sagen sie.
Und alles
ist ruhig,
ganz ruhig.

*

Wenn
das Läppische
als rührend empfunden,
als Zeichen der Armut entschuldigt,
als Gefäß des Geistes gebilligt wird,
dann —
weht der Geist,
wo er will
— vorbei!

*

Gebet wie das Tasten blinder Hände

Deine Kirche,
o Herr —
Menschen,
die reden,
was die denken,
und was zu reden und zu denken
andere ihnen zudenken und einreden;
Menschen,
die meinen zu wissen,
was du meinst;
einsame Menschen,
die ohne dich tun,
was sie tun wollen,
und ihre Früchte
deinen Segen nennen.
Deine Kirche,
o Gott,
sagt,
sie vertrete dich.
Aber du,
Gott,
hast sie alle
in ihre Welt ohne dich gestellt.
Deine Kirche,
o Herr —
Menschen,
die den Spuren Jesu nachschauen
und mit erlöstem Atem bekennen:
Er erfüllt,
was Dichter dichten,
Sänger singen,
Beter beten.
Er —.

Er
macht Religionen
zu Leben
auf den Straßen,
an Feldrändern,
in Häusern
zwischen morgens und abends
und im Dunkel der Nacht.
Er
hat dein Gesicht,
Gott.
Deine Kirche,
o Herr —
Menschen,
die ein Mensch ermutigt,
Menschen zu sein,
Menschen
ohne dich
in deinem Geist,
Gott.
Deine Kirche,
o Herr —
Stecken des Blinden,
Zuspruch des Stummen,
Tisch der Hungernden,
dein Volk.

Das Saitenspiel des Heiligen Geistes

Aus dem 1. Buch Samuel im 16. Kapitel:

»Der Geist aber des Herrn wich von Saul und ein böser Geist vom Herrn machte ihn sehr unruhig. Da sprachen die Knechte Sauls zu ihm: Siehe, ein böser Geist von Gott macht dich sehr unruhig. Sollen wir uns nicht nach einem Mann umsehen, der Harfe spielen kann? . . . (Und sie suchten und fanden David, Isais Sohn, den Saul liebgewann.) . . . .
Und Saul sandte zu Isai und ließ ihm sagen: Laß David bei mir bleiben. Denn er hat Gnade vor meinen Augen gefunden. Wenn nun der Geist Gottes über Saul kam, so nahm David die Harfe und spielte mit seiner Hand; so erquickte sich Saul, und es ward besser mit ihm, und der böse Geist wich von ihm.«

Der, der Gottes Volk vertritt — wer ist es nicht hier unter uns? —, ist unruhig, bedrückt; umfinstert ist seine Seele. Nicht immer, doch nicht selten. Das muß nicht verschwiegen und niemanden ausgeredet werden. Ein klarer Blick für seinen unguten Geist steht dem Gottesvolk wohl an.

Zwar ist's, als sei's auf diesem Auge manchmal lieber blind in unseren Tagen. Erwählt sei es — so glaubt's; erlöst — so sagt's; gesegnet doch mit Gottes gutem Geist. Darum sieht es zuweilen gar nicht unter lauter großen Worten, daß die Stimmung bei ihm verlassen ist von allen guten Geistern. Es zucke dann nicht mit den Achseln, wenn Leute wachen Sinnes fragen: »Sollen wir uns umschauen, damit es besser werde?«

Doch was erhellt das angekränkelte Gemüt? Was steht dem Gottesvolk, das müde wurde, zu Gebot, um wieder zu strahlen? Was wird der tristen Stimmung Herr? Nicht der Prophet jetzt. Nicht der Prediger. Nicht das gewichtige Wort. — Der Harfenspieler und ein bißchen Musik.

Saul, diese Gestalt des Volkes Gottes, stützt seinen schweren Kopf in seine Hände heute, Freunde. Wie wär's, wenn wir uns der Töne besännen, der Farben auch, der geordneten Formen, der kleinen Schönheiten der großen Schöpfung, und mit ein bißchen Sorg-

falt in diese Saiten griffen? Dann würde es wohl besser werden mit
uns, und es wiche von uns der böse Geist.

Vater,
erbarme dich!
Wenn wir
müde werden,
erbarme dich!
Wenn unsere Augen blind
und unsere Ohren träge werden,
erbarme dich!
Wenn unsere Lieder verstummen,
erbarme dich!
Wenn unser Geist
deinen Geist
nicht mehr kennt,
Vater,
erbarme dich!

Habt ihr einen anderen Geist?
An meine Freunde

Meine Lieben!

Gerade kürzlich saßen wir wieder beisammen beim Wein.
Uns tut's gut.
Wir haben uns gern.
Und wenn wir fröhlich sind,
ist unser Lachen echt.
Wir wissen,
daß offene Bitten erfüllt werden unter uns.
Und wir können uns unbeschadet unsere Hausschlüssel anvertrauen.
Und wenn ich bedenke, wieviel Mühe wir Euch schon gemacht haben — ich danke Euch!
Aber unsere Freundschaft hat eine Grenze.
Und diese Grenze tut weh.
Niemals feiert Ihr mit mir einen Gottesdienst.
Ach ja, Ihr habt schon Predigten von mir gehört, wenn ich zur Schulgemeinde zu reden hatte. Und Ihr habt Sie gern gehört, wie ihr sagt. Ihr habt meine Sprache bewundert. — Das sind Eure Worte! — Und das tut mir gut.
Aber sonst?
Dort, wo mein Herz schlägt, kriegt Ihr kein Herzklopfen. Meine Mühe um ein Wort, das Gottes Gesicht trägt, ist Euch kein Hinhorchen wert. Und meine Hoffnung, daß mein Unvermögen Gottes Gegenwart nicht stört, zerstört Ihr durch Euer Achselzucken.
Dort, wo ich in meinem Amt betend und nachdenkend rede, habe ich Euch nichts zu sagen. Denn Ihr seid dann anderswo.
Ihr seid es zwar nicht gewesen, die zu mir sagten:
»Wenn ich sonntags in den Gottesdienst gehen müßte, wäre der ganze Tag beim Teufel!«
Aber hättet *Ihr's* nicht gewesen sein können?
Warum?
Ich frage vor allem die Katholiken unter Euch.

Einige unter Euch versäumen kaum eine Sonntagsmesse.

Ich nehme an, Euch geht es um Gottes Nähe dabei, um das Heilige, das heilt.

Bei mir sucht Ihr es nicht.

Mein Wort kommt — für Euch — von nirgendwoher.

Mein Segen ist — in euren Augen — eine Geste, sonst nichts.

Und was ich austeile am Tisch, den ich »Tisch des Herrn« nenne, teile *ich* aus, nicht der Herr, meint Ihr.

Und das setzt unserer Freundschaft Grenzen.

Erinnert Ihr Euch, daß die Leute zu Pfingsten über Jesu Jünger gesagt hatten:

»Sie sind besoffen!«?

Wenn Ihr doch wenigstens so über mich urteiltet!

Aber Ihr bleibt ja weg.

Meine Freunde,

ich mag Euch und will weiter lernen, Euer Freund zu sein.

Aber ich möchte Euch auch in die Welt hineinziehen,

die meine Nachdenklichkeiten und meinen Glauben prägt.

Solange Ihr draußen vor der Tür bleibt, ist es für mich nicht Pfingsten geworden.

Und für Euch?

Ich grüße Euch als

— nicht ganz —

Euer Freund.